CINQUIÈME ÉDITION

MGR RICARD

PRÉLAT DE LA MAISON DE SA SAINTETÉ
PROFESSEUR HONORAIRE DES FACULTÉS D'AIX ET DE MARSEILLE

LE
CONCILE NATIONAL
DE 1811

D'APRÈS LES PAPIERS INÉDITS DU CARDINAL FESCH
CONSERVÉS AUX ARCHIVES
DE L'ARCHEVÊCHÉ DE LYON

PARIS

E. DENTU, ÉDITEUR
3 ET 5, PLACE DE VALOIS (PALAIS-ROYAL)

LE
CONCILE NATIONAL
DE 1811

MGR RICARD

PRÉLAT DE LA MAISON DE SA SAINTETÉ
PROFESSEUR HONORAIRE DES FACULTÉS D'AIX ET DE MARSEILLE

LE
CONCILE NATIONAL
DE 1811

D'APRÈS LES PAPIERS INÉDITS DU CARDINAL FESCH
CONSERVÉS AUX ARCHIVES
DE L'ARCHEVÊCHÉ DE LYON

PARIS
E. DENTU, ÉDITEUR
3, PLACE DE VALOIS, PALAIS-ROYAL

LE
CONCILE NATIONAL DE 1811

Dans son beau livre sur l'*Église romaine et le premier Empire*, livre consciencieux et qui fixe une foule de points auparavant inconnus ou douteux, M. le comte d'Haussonville avoue qu' « on possède peu de documents sur le concile national de 1811. M. d· Barral en parle à peine dans ses *Fragments historiques*. Tous ses collègues ont imité son discret silence. Aucun auteur ecclésiastique ne s'est, à notre connaissance, complu à raconter en détail les discussions de la docte assemblée. »

M. d'Haussonville, s'aidant de documents particuliers et confidentiels, plus spécialement du Journal de M. de Broglie, évêque de Gand, a pu reconstituer, avec les actes officiels et les mémoires déjà publiés, une histoire fort inté—

ressante et très animée des débats intérieurs du Concile de 1811. Mais, de l'aveu même du savant historien, ses informations incomplètes ne lui ont point permis de donner à son récit un caractère définitif, faute de pouvoir le fortifier par les procès-verbaux que le mauvais vouloir du second Empire à son endroit ne lui permit pas de consulter aux Archives nationales.

Une de ces bonnes fortunes que la Providence, secourable aux chercheurs, réserve à son heure, nous a mis sous la main, dans la collection des archives personnelles du cardinal Fesch, à Lyon, tous les papiers officiels en original, et à côté toutes les notes confidentielles, documents et impressions intimes, que le cardinal, président du Concile, avait cru devoir conserver dans ses archives, tant pour couvrir sa responsabilité particulière que pour soustraire sans doute à la connaissance du grand public des détails jusqu'ici, en effet, ignorés de lui.

C'est ainsi, pour n'en citer que quelques traits, que la rédaction primitive du célèbre entretien ou mieux du monologue tenu par l'Empereur devant le chapitre métropolitain de Paris, se trouve dans les papiers du cardinal avec les corrections de sa main, et diffère notablement du texte, incomplet d'ailleurs, qui seul est connu jusqu'ici. C'est ainsi encore que, à côté de la notification officielle des volontés impériales transmise par le ministre Bigot de Préameneu, nous avons trouvé le curieux autographe inédit qui suit, et qu'on lira avec intérêt, comme une preuve de l'ingérence continuelle de Napoléon dans les délibérations du Concile et comme un nouveau type de l'*imperatoria brevitas* qui caractérisait son style.

présentée le 6 au matin, en rouge
la réponse,

La Congrégation particulière
nommée par le Concile, pour répondre au
Message de Sa Majesté, pense que le
Concile, avant de prononcer Sur les
questions qui lui Sont proposées, pour Se
conformer aux regles Canoniques, obser=
vées de tous temps dans l'Eglise, ne
peut Se dispenser de Solliciter auprès de
Sa Majesté, la permission d'envoyer au
Pape, une députation qui lui expose l'état
déplorable des Eglises de l'Empire
français et du Royaume d'Italie, et qui
puisse conférer avec Sa Sainteté Sur les
moyens d'y remédier

Paris le 5 juillet 1811.

Le Card. Fesch Président
Le Card. Spina archev. de Gênes
Ch. Jos. Card. Caselli Evêque de Parme
+ Ch. Fr. Archev. de Bordeaux
+ L. M. Archev. de Tours
+ Grégoire Evêque de [illegible]
+ Joseph Marie Evêque d'Ivrée
+ Charles Evêque de Trèves.
+ François Joseph Evêque de Tournay.
+ J. B. Evêque de Nantes
+ Maurice Evêque de Gand
+ Et. antoine Evêque de Troyes

En voilà assez, croyons-nous, pour donner aux lecteurs de ce livre une idée de l'intérêt que nous présentait notre découverte, aux archives de l'archevêché de Lyon, si complaisamment ouvertes à nos recherches par le regretté cardinal Foulon.

Elle va nous permettre d'écrire une histoire inédite du Concile national, avec des documents suffisants pour que l'on puisse aussi se rendre compte d'un point d'histoire jusqu'ici très incomplet dans nos annales religieuses, celui des travaux, des luttes et aussi, avouons-le, des faiblesses du célèbre Conseil ecclésiastique de Napoléon, qui servit de préliminaires au Conseil national.

---

1. Voici comment il faut lire la note marginale signée par l'Empereur :

« Ceci ne répond pas à la question. Elle est : Le Pape se refusant à l'institution, quel est le moyen pour parvenir à la transmission de l'épiscopat et pour qu'aucune Église ne soit vacante plus de trois mois?

« Le refus du Pape est constaté par quatre années consécutives, par la bulle donnée à l'archevêque de Malines et par des lettres qu'un grand nombre d'évêques lui ont écrites.

« Aucune députation au Pape ne peut avoir lieu avant que la question soit décidée en principe général, soit dans l'application particulière. Sans cela, le Concile se prolongerait à l'infini.

« NAPOLÉON. »

I

LE CONSEIL ECCLÉSIASTIQUE DE NAPOLÉON

EN 1810 ET 1811

I

Le 10 juin 1809, les Romains, à leur lever, trouvaient, placardée aux portes des églises et au coin des principales rues de la ville éternelle, l'affiche suivante :

« Napoléon, empereur des Français, roi d'Italie et protecteur de la Confédération du Rhin,

« Considérant que, lorsque Charlemagne, empereur des Français et notre auguste prédécesseur, fit donation de plusieurs comtés aux évêques de Rome, il ne les leur donna qu'à titre de fiefs, et pour le bien de ses États, et que par cette donation Rome ne cessa point de faire partie de son empire.

« Que, depuis, ce mélange d'un pouvoir spirituel avec une autorité temporelle a été, comme il l'est encore, une source de discussions et a porté trop souvent les pontifes à employer l'influence de l'un pour soutenir les prétentions de l'autre ; qu'ainsi les intérêts spirituels et les affaires du Ciel, qui sont immuables, se sont trouvés mêlés aux affaires terrestres, qui, par leur nature, changent selon les circonstances et la politique des temps.

« Que tout ce que nous avons proposé pour concilier la sûreté de nos armées, la tranquilité et le bien-être de nos peuples, la dignité et l'intégrité de notre empire, avec les prétentions temporelles des papes, n'a pu se réaliser.

« Nous avons décrété et décrétons ce qui suit :

« Art. 1er. — Les États du Pape sont réunis à l'empire français.

« Art. 2. — La ville de Rome, si célèbre par les grands souvenirs dont elle est remplie, et premier siège de la chrétienté, est déclarée ville impériale et libre.

« Le gouvernement et l'administration de ladite ville seront organisés par un statut spécial.

« ART. 3. — Les restes des monuments élevés par les Romains seront entretenus et conservés aux frais de notre trésor.

« ART. 4. — La dette publique est constituée dette impériale.

« ART. 5. — Les terres et domaines du Pape seront augmentés jusqu'à concurrence d'un revenu net annuel de deux millions.

« ART. 6. — Les terres et domaines du Pape, ainsi que ses palais, seront exempts de toutes impositions, juridictions et visites, et ils jouiront d'immunités particulières.

« ART. 7. — Le premier juin de la présente année, une consulte extraordinaire prendra, en notre nom, possession des États du Pape et fera les dispositions nécessaires pour que le régime constitutionnel soit organisé et puisse être mis en vigeur le 1ᵉʳ janvier 1810. — Signé : NAPOLÉON. »

L'ukase, basé sur des considérants dont on a démontré depuis longtemps l'inexactitude historique, était daté du 17 mai 1809, « en notre camp impérial de Vienne » (1).

---

1. L'affiche, conservée dans les papiers du cardinal Fesch, est en deux langues, français et italien. Elle porte

1

Il fut affiché le 10 juin, à Rome, par les soins du général Miollis.

Dès le lendemain, on trouvait affichée dans tous les lieux ordinaires la bulle pontificale de Pie VII, qui excommuniait tous les auteurs et fauteurs des spoliations que subissait le Saint-Siège.

Un mois après, dans la nuit du 5 au 6 juillet, le général Radet enlevait le Pape, sous prétexte de le conduire, avec le cardinal Pacca, chez le général Miollis, en réalité pour le déporter en exil, à Savone.

Le 26 août suivant, répondant au cardinal Caprara, archevêque de Milan, qui lui avait demandé, de la part de Napoléon, « d'accorder l'institution canonique aux évêques désignés pour remplir les sièges vacants dans ses Etats », le pape écrivait :

« ... Après tant d'innovations funestes à la religion, que l'empereur s'est permises, et contre lesquelles j'ai si souvent et si inutilement réclamé; après ces vexations exercées contre tant d'ecclésiastiques de mes États; après la déportation de tant d'évêques et de la moyenne

---

la mention d'imprimeur : *Presso Luigi Perego Salvioni stampatore in Roma.*

partie des cardinaux ; après l'emprisonnement du cardinal Pacca à Fénestrelles ; après l'usurpation du patrimoine de saint Pierre ; après m'être vu moi-même assailli à main armée dans mon palais, traîné de ville en ville sous une garde si étroite, que les évêques, en plusieurs lieux qu'on m'a fait traverser, n'avaient pas la liberté de m'approcher et ne pouvaient me dire un mot sans témoin...

« Comment donc aujourd'hui pourrais-je reconnaître dans l'auteur de toutes ces violences le droit en question, et consentir à ce qu'il l'exerce ? Le pourrais-je sans me rendre coupable de prévarication, sans me contredire moi-même, et sans donner, avec scandale, aux fidèles, lieu de croire qu'abattu par les maux que j'ai soufferts et par la crainte de plus grands encore, je suis assez lâche pour trahir ma conscience et pour approuver ce qu'elle me force de proscrire ?

« Dieu sait cependant, au milieu de ces cruelles agitations, combien vivement je désirerais pourvoir aux sièges vacants de cette Église de France que j'ai toujours chérie de prédilection ; avec quelle ardeur j'adopterais un expédient qui me permettrait de remplir mon ministère sans blesser mon devoir !

« Mais comment, seul et sans secours, puis-je prendre un parti dans une affaire de cette importance? On m'a enlevé tous mes conseillers, on les a éloignés de moi, on m'a mis dans l'impuissance de communiquer librement avec aucun d'eux. Il ne me reste personne qui, dans une discussion si épineuse, puisse m'aider de ses lumières; on ne m'a pas même laissé la ressource d'un secrétaire. Mais si l'empereur a un véritable attachement pour l'Église catholique, qu'il commence par se réconcilier avec son chef; qu'il abroge ses funestes innovations religieuses, contre lesquelles je n'ai cessé de réclamer; qu'il me rende ma liberté, mon siège, mes officiers; qu'il restitue les propriétés qui formaient, non mon patrimoine, mais celui de saint Pierre; qu'il replace sur la chaire de saint Pierre un chef suprême dont elle est veuve depuis sa captivité; qu'il ramène auprès de moi quarante cardinaux que ses ordres en ont arrachés; qu'il rappelle à leurs diocèses tous les évêques exilés, et sur-le-champ l'harmonie sera rétablie (1). »

---

1. Le texte de cette lettre, soigneusement dérobé à ce moment au public, fut imprimé dans une brochure, sans nom d'imprimerie ni de lieu, envoyée par des voies sûres à l'adresse des évêques de France, chez qui, comme nous

II

On l'a fait observer avec une parfaite jus-
tesse, et quiconque étudie de près toutes ces
démarches en sens contraire le démêle sans
peine, au fond, celui qui avait fait enlever le
pape, disperser les cardinaux et emprisonner
tant de prélats et d'ecclésiastiques fidèles,
savait assez qui mettait le trouble dans l'Église
et de qui il dépendait d'y ramener la paix. Les
moyens de conciliation qu'il avait l'air de chercher n'étaient qu'un jeu pour en imposer aux
simples et couvrir son ambition. Qu'il laissât
l'Église tranquille ; qu'il rendît à leurs fonctions le souverain Pontife, les cardinaux, les
évêques ; qu'il renonçât à des demandes exor-
bitantes, on se fût aisément entendu sur le

le verrons, elle fut sévèrement recherchée par la police
impériale. Elle se terminait par trois lignes significatives :
« Prions pour l'Église, pour ses persécuteurs, pour le souverain Pontife, et pour les confesseurs de N.-S.-J.-C. qui
gémissent dans les fers. »

reste. Mais, loin d'abandonner son système, il l'étendait de plus en plus, et il lui semblait qu'à mesure qu'il allait en avant, le Pape n'avait pas autre chose à faire qu'à céder. Son but final était, non pas précisément de détruire l'Église catholique, mais de l'assouplir à ses volontés, afin de dominer par elle sur les esprits comme il dominait sur les corps par son armée, et de se montrer ainsi plus habile encore que l'empereur de Russie, le roi de Prusse et le roi d'Angleterre, qui l'avaient sollicité de se déclarer, comme eux, pape de sa religion (1).

1. Rohrbacher, qui a justement formulé cette observation (*Histoire de l'Église*, t. XIV, p. 575, édit. Gaume), y revient ailleurs et ajoute, en son style pittoresque : « On s'attendait qu'il (Napoléon) finirait par quelque mesure terrible, comme de se déclarer chef de la religion, suivant les conseils du czar et pape des Russes schismatiques, du roi et pape des Prussiens hérétiques, du roi et pape de l'Angleterre protestante. On se trompait. Ainsi que nous l'avons vu, Napoléon était trop catholique pour se jouer aussi crûment de Dieu et de sa religion ; il connaissait la répugnance invincible de l'Europe catholique pour une papauté à la russe ou à la prussienne, dont les paternelles bénédictions seraient des coups de bâton ou de knout. Il voulait donc conserver le Pape et les évêques, mais les subordonner aux vues de sa politique et de sa dynastie qu'il croyait perpétuelle et qui allait disparaître dans trois ans. Il croyait cela une idée bien neuve de son génie ; il n'était que le centième répétiteur des plus pitoyables empereurs du Bas-Empire. » (*Ibid.*, p. 500.)

Le 16 novembre 1809, le ministre des cultes, Bigot de Préameneu, écrivait au cardinal Fesch :

« Sa Majesté m'a chargé de vous prévenir qu'Elle désire que vous vous réunissiez, le plus promptement qu'il sera possible, avec Son Ém. le cardinal Maury, M. l'archevêque de Tours, MM. les évêques de Nantes, de Trèves, d'Évreux, de Verceil, et le sieur Émery, pour rédiger une consultation sur les questions contenues dans le mémoire ci-joint. Je n'ai pas entre les mains la bulle qui y est énoncée. Je vais me la procurer et vous l'aurez d'un moment à l'autre. — Le père Fontana, général des barnabites, est adjoint à ce conseil, que Votre Altesse présidera. »

Le mémoire joint à la lettre mérite d'être connu en son entier. Nous le reproduisons, pour la première fois, sur le texte même original :

« M. le cardinal Fesch, le cardinal Maury, l'archevêque de Tours, les évêques de Nantes, de Trèves, d'Évreux, de Verceil et le sieur Émery seront réunis à l'effet de rédiger une consultation sur les questions suivantes, dont les unes concernent toute la chrétienté, les autres sont particulières à la France, et les dernières s'appliquent à la position actuelle.

« *1° Questions qui intéressent toute la chrétienté :*

« Le gouvernement de l'Église est-il arbitraire?

« Le Pape peut-il, par des motifs d'affaires temporelles, refuser son intervention dans les affaires spirituelles?

« Il est hors de doute que, depuis un certain temps, la cour de Rome est resserrée dans un petit nombre de familles, que les affaires de l'Église y sont examinées et traitées par un petit nombre de prélats et de théologiens pris dans de petites localités des environs, et qui ne sont pas à portée de bien voir les grands intérêts de l'Église universelle et d'en bien juger.

« Dans cet état de choses, convient-il de réunir un concile?

« Ne faudrait-il pas que le consistoire ou le conseil particulier du Pape fût composé de prélats de toutes les nations pour éclairer Sa Sainteté?

« En supposant qu'il soit reconnu qu'il n'y ait pas de nécessité de faire des changements dans l'organisation actuelle, l'Empereur ne réunit-il pas sur sa tête les droits qui étaient sur celles des rois de France, des ducs de Brabant et autres souverains des Pays-Bas, des rois de Sardaigne, des ducs de Toscane, etc., soit pour la nomination des cardinaux, soit pour toute autre prérogative?

« 2° *Questions particulières à la France :*

« Sa Majesté l'Empereur ou ses ministres ont-ils porté atteinte au concordat?

« L'état du clergé de France est-il en général amélioré ou empiré depuis que le concordat est en vigueur?

« Si le gouvernement français n'a point violé le concordat, le Pape peut-il, arbitrairement, refuser l'institution aux archevêques et évêques nommés, et perdre la religion en France, comme il l'a perdue en Allemagne, qui depuis dix ans est sans évêques?

« Le gouvernement français n'ayant point violé le concordat, si d'un autre côté le Pape refuse de l'exécuter, l'intention de Sa Majesté est de regarder ce concordat comme abrogé. Mais, dans ce cas, que convient-il de faire pour le bien de la religion? Sa Majesté adresse cette demande à des prélats distingués par leur savoir dans les matières ecclésiastiques, comme par leur attachement à sa personne;

« 3° *Questions sur la position actuelle :*

« Sa Majesté, qui peut à juste titre se considérer comme le chrétien le plus puissant dans le rang suprême auquel la Providence l'a élevé, sentirait sa conscience troublée s'il ne portait aucune attention aux plaintes des Églises d'Allemagne sur l'abandon dans lequel le Pape les laisse depuis dix ans. Sa Majesté le conjure d'y rétablir l'ordre. L'archevêque Prince-Primat vient encore de lui adresser ses représentations à cet égard (1). Si le Pape continue, par des raisons temporelles ou par des sentiments haineux, à laisser ces Églises dans l'état de perdition et d'abandon, Sa Majesté désire, comme suzerain de l'Allemagne, comme héritier de Charlemagne, comme véri-

---

1. Le mémoire du primat de la Confédération du Rhin, archevêque de Ratisbonne, en date du 14 décembre 1809, adressé au cardinal Fesch, coadjuteur avec future succession du Prince-Primat, expose en termes très vifs les doléances des Églises d'Allemagne, et réclame un concordat analogue à celui de la France, le tout accompagné d'éloges dithyrambiques à l'adresse de Napoléon. Le signataire du mémoire inédit que nous avons sous les yeux y dit, entre autres choses, « que l'espoir des catholiques, dans la Confédération rhénane, repose sur l'autorité de l'auguste protecteur qui s'est déclaré le soutien de la catholicité ! » Non content de cette démarche écrite, l'archevêque de Ratisbonne accourut à Paris, d'où il écrit, à la date du 31 décembre 1809, au cardinal Fesch : « J'arrive

table Empereur d'Occident, comme fils aîné de l'Église, savoir quelle conduite elle doit tenir pour rétablir le bienfait de la religion chez les peuples d'Allemagne?

« Il est besoin qu'il y ait une nouvelle circonscription d'évêchés dans la Toscane et dans d'autres contrées. Si le Pape refuse de coopérer à ces arrangements, quelle marche Sa Majesté devra-t-elle suivre pour les régulariser?

« La bulle d'excommunication ci-jointe a été affichée, elle a été imprimée et répandue clandestinement dans toute l'Europe. Quel parti prendre, pour que, dans des temps de trouble et de calamité, les Papes ne se portent pas à des excès de pouvoir aussi contraires à la charité chrétienne qu'à l'indépendance et à l'honneur du trône? »

En terminant, le mémoire statue :

« Ce Conseil nommera trois rapporteurs,

---

en ce moment. Le premier mouvement de mon âme est de Lui exprimer le sentiment de ma profonde vénération. Mon bonheur serait au comble si Votre Altesse Éminentissime me trouvait capable d'être utile, sous sa direction, pour le bien général de l'Église. Je la supplie de me faire savoir le jour et l'heure où Elle daignera me permettre de lui présenter mes hommages. (*Lettre inédite du Prince-Primat au cardinal Fesch.*)

dont chacun fera le rapport et proposera les réponses sur chacune des questions. Le Père Fontana, général des barnabites, lui sera adjoint. »

III

Le Comité ecclésiastique se mit aussitôt à l'œuvre. Mais, quelque diligence que ses membres apportassent à l'étude de ces difficiles questions, les délais impatientaient l'empereur. Sans attendre le résultat de cette première commission d'études canoniques, Napoléon crut avoir trouvé un moyen plus expéditif en s'adressant aux cardinaux présents à Paris, spécialement au cardinal di Pietro et au cardinal Consalvi, qu'il chargea de lui suggérer une solution.

Avec une indépendance que le Comité eût peut-être bien fait d'imiter, les cardinaux consultés répondirent :

« Les cardinaux qui se trouvent à Paris, invités par Sa Majesté impériale et royale, à l'audience de dimanche dernier, 28 janvier, à proposer un plan sur les affaires ecclésiastiques indiquées par Sa Majesté, sont d'avis que, sans y avoir été autorisés par le souverain Pontife, il leur est impossible de proposer ou de suggérer des plans, surtout étant donnée cette circonstance grave que le souverain Pontife a, plusieurs fois, manifesté expressément ses pensées. Ardemment désireux du bien de l'Église et de la concorde nécessaire, et en conformité des sentiments manifestés par Sa Sainteté elle-même, ils déposent, au pied du trône de Sa Majesté, leurs respectueuses et instantes prières pour qu'Elle veuille bien exaucer les vœux du Saint-Père.

« Ils espèrent de la bonté de Sa Majesté qu'Elle ne voudra voir, dans ces humbles supplications, que l'accomplissement des devoirs sacrés auxquels leur dignité et leur caractère les astreignent rigoureusement. »

Cette réponse, que nous traduisons sur la copie italienne retrouvée dans les papiers du cardinal Fesch, y est accompagnée en marge de la curieuse mention que voici :

« Note que les cardinaux qui sont à Paris ont fait remettre par les cardinaux di Pietro et Consalvi à S. A. E. le cardinal Fesch, le

2 février 1810, et qu'Elle a remise à l'Empereur. Les cardinaux avaient été chargés par Sa Majesté, de conférer entre eux, pour lui donner des vues, afin d'établir les choses de manière que le Pape pût gouverner l'Église. Sa Majesté voyant que les cardinaux ne voulaient pas se prononcer, a jeté cette note au feu, après l'avoir lue, en disant : « Puisque les « cardinaux ne veulent point s'occuper d'af- « faires ecclésiastiques, ou je ne m'en mêlerai « pas, ou je ferai tout ce qui me semblera « convenable. »

Il continua de s'en mêler, comme on va voir.

Par ses ordres, et sur les pressantes instances du Ministre des Cultes, le Comité ecclésiastique dut poursuivre ses travaux et rapprocher ses réunions.

IV

Nous avons sous les yeux le travail de chacun des commissaires, avec les observations auxquelles il donna lieu de la part de leurs collègues, spécialement de M. Emery, dont le savoir, la prudence et la fermeté éclatent à chaque page de ces importants témoins de la discussion, au sein du Comité.

C'est l'archevêque de Tours, M. de Barral, qui prend le plus souvent l'initiative. Par contre, le Père Fontana ne figure jamais dans les débats, le célèbre barnabite s'était prudemment dérobé après les dernières séances. M. Emery s'y montra, lui, fort assidu. Les évêques l'écoutaient avec beaucoup de déférence, comme la lumière et le conseil de l'Église de France, mais ne se rendaient pas toujours à ses observations. L'abbé Frayssinous et l'abbé Rauzan, secrétaires du Comité, ont raconté comment, après avoir vainement lutté en plus d'un passage des réponses adoptées par le Conseil, il finit par refuser de les signer, quand le comité, en janvier 1810, décida de les envoyer à Napoléon.

Le texte de ces « Réponses aux questions proposées par Sa Majesté l'Empereur et Roi » n'a jamais été jusqu'ici publié autrement que par de courtes analyses. Le cardinal Pacca dit, dans ses *Mémoires*, que lorsqu'on révélera cette réponse, « elle sera une preuve humiliante de la grande influence que l'esprit d'ambition et de flatterie exerce, même sur les personnes les plus distinguées par l'élévation de leur dignité et par le mérite de leur doctrine ». Nous croyons juste d'ajouter qu'il y faut voir aussi, avec l'influence des préjugés du gallicanisme alors tout puissant dans notre Église, l'action exercée sur l'esprit des commissaires par le grand prestige de Napoléon et surtout par la crainte du schisme qui menaçait de se produire sous la pression impériale.

Le texte des *Réponses* est précédé de l'adresse suivante à l'Empereur :

« Sire. — Nous déposons aux pieds de Votre Majesté Impériale et Royale, les réponses que notre dévouement à sa personne sacrée vient de concerter avec nos principes religieux et avec notre fidélité aux maximes de l'Église gallicane, en discutant les questions sur lesquelles notre auguste souverain veut connaître nos sentiments.

« Nous ne séparons pas, Sire, de l'hommage que nous rendons à Votre Majesté, le tribut d'intérêt, de zèle et d'amour, que nous commande la situation actuelle du souverain Pontife. Ces sentiments deviennent en ce moment plus que jamais une dette sacrée envers le vicaire de Jésus-Christ que ses malheurs nous rendraient, s'il était possible, encore plus cher et plus vénérable.

« Toutes nos vues, Sire, toutes les mesures indiquées dans nos réponses tendent à rétablir le concert, si nécessaire à la religion et à la tranquillité des consciences, entre Votre Majesté et le souverain Pontife. Si cette consolante perspective ne venait s'offrir à nos regards, nous ne saurions prévoir pour l'Église dans l'avenir que des jours de deuil et de larmes.

« Tout le bien spirituel que nous pouvons attendre des résultats de nos délibérations est donc entre les mains de Votre Majesté. C'est à Elle seule que toute la gloire en est réservée, et nous osons espérer qu'Elle en jouira bientôt, si Elle daigne seconder nos vœux, en accélérant une réunion si désirable, par l'entière liberté du Pape, environné de ses conseillers naturels, sans lesquels il ne peut ni communiquer avec les Églises confiées à sa sollicitude, ni résoudre aucune grande question, ni pourvoir aux besoins de la catholicité. »

Suit le texte encore inédit des *Réponses*. Il ne comprend pas moins de 76 pages in-folio d'une écriture très serrée. Nous le suivrons dans la revue qui va suivre et qui donnera

pour la première fois la physionomie complète
d'une œuvre jusqu'ici jugée par des analyses
incomplètes et de seconde main.

V

L'Empereur avait demandé, en premier lieu,
si le gouvernement de l'Église est arbitraire.

A cette question, énoncée de façon captieuse,
le Comité répond en plaçant sous les yeux du
César le tableau du gouvernement ecclésiastique, tel qu'il lui paraît ressortir de l'Écriture
sainte, de la Tradition et de l'histoire de
l'Église. Au sommet de la hiérarchie apparaît
le successeur de Pierre, à qui le divin fondateur de l'Église a attribué la primauté d'honneur et de juridiction, à qui il appartient de
statuer sur la doctrine et de régler tout ce qui
concerne le régime intérieur de l'Église. Mais
cette autorité est circonscrite, en matière de
foi, par l'Écriture, la Tradition et les Conciles,
et en matière de régime intérieur par la discipline générale approuvée et reçue dans

l'Église, qui fait loi pour elle tant qu'elle n'est pas abrogée. De plus, d'après saint Grégoire parlant de l'Église d'Afrique, les usages qui ne nuisent point à la foi catholique doivent demeurer intacts. D'où il résulte que le gouvernement ecclésiastique reste toujours éloigné des voies arbitraires, comme il est toujours au-dessus des vicissitudes humaines.

Le Pape, demandait l'Empereur, peut-il, pour des motifs d'affaires temporelles, refuser son intervention dans les affaires spirituelles?

Le comité répond que, la primauté du Pape étant toute à l'avantage spirituel de l'Église, loin de vouloir affaiblir une autorité si essentielle à la constitution de l'Église, il croit lui rendre hommage en répondant que, si les affaires temporelles n'ont par elles-mêmes aucun rapport nécessaire avec le spirituel, si elles n'empêchent pas le chef de l'Église de remplir librement et avec indépendance les fonctions du ministère apostolique, il pense que le Pape ne peut pas, par le seul motif des affaires temporelles, refuser son intervention dans les affaires spirituelles. La distance qui les sépare est du temps à l'éternité.

A la troisième et quatrième question, sur la manière dont le consistoire ou conseil des

Papes devrait être composé, les commissaires, s'appuyant sur la décision du Concile de Trente, estiment qu'il n'y a pas lieu de recourir à un concile pour résoudre la question, et se bornent à exprimer respectueusement le vœu que le Pape compose son conseil de prélats pris dans toutes les nations de la catholicité, mais sans prétendre le lui imposer ni même en exprimer le désir de façon pressante.

Sur la question des prérogatives consacrées par le temps et la reconnaissance de l'Église au profit des souverains, le Comité pense que Sa Majesté est fondée à réclamer celles qui se trouvaient attachées aux souverainetés des pays réunis, au moment où ils ont été incorporés à l'Empire français.

VI

Le cahier aborde ensuite la série des questions particulières de la France.

L'Empereur a-t-il porté atteinte au Concordat?

Avec beaucoup de dextérité, après avoir *paru* accepter les trop célèbres articles organiques, le Comité profite de l'occasion pour en demander l'abrogation, en ce qui est le plus contraire à la discipline et au droit ecclésiastique.

« Le Concordat, écrit-il, a toujours été observé par S. M. l'Empereur et par ses ministres; et nous ne croyons pas que le Pape puisse se plaindre d'aucune contravention essentielle. Il est vrai que, pendant son séjour à Paris, le Pape remit à Sa Majesté des représentations sur un certain nombre d'articles organiques ajoutés aux dispositions du Concordat, qu'il jugeait contraires au libre et entier exercice de la religion catholique. Mais, plusieurs des articles dont se plaignait Sa Sainteté ne sont que des applications ou des conséquences des maximes et des usages reçus dans l'Église gallicane, dont ni l'Empereur ni le clergé de France ne peuvent se départir.

« Quelques autres, à la vérité, renferment des dispositions qui seraient très préjudiciables à l'Église, s'ils étaient exécutés à la rigueur. On a tout lieu de croire qu'ils ont été ajoutés au Concordat, comme des règlements de circonstance, comme des ménagements néces-

2.

saires pour aplanir la voie au rétablissement du culte catholique, et nous espérons de la justice et de la religion de S. M. qu'Elle daignera les révoquer ou les modifier de manière à dissiper les inquiétudes qu'ils ont fait naître. »

Dans cette confiance, les Évêques et la commission remettent sous les yeux de l'Empereur les articles 1ᵉʳ, 26 et 36, qui ont « excité les plus fortes et plus justes réclamations ». Le premier a trait à l'exécution des Bulles, Brefs, etc.; l'autre aux restrictions apportées aux droits des évêques sur les ordinations; le dernier, aux pouvoirs des vicaires généraux à la mort des évêques. Les membres du Comité demandent l'abrogation de ces articles, dont ils démontrent l'illégitimité canonique.

L'état du clergé de France s'est-il amélioré ou empiré, depuis le Concordat?

C'est avec effusion que la réponse énumère les bienfaits du gouvernement impérial, qui, non content de s'en tenir à l'exécution de la transaction concordataire, a marqué chaque année par des concessions, suggérées à S. M. par son respect pour la religion catholique et son amour pour ses peuples. L'énumération est longue et complaisante. « Mais, après avoir offert à S. M. l'hommage de notre vive reconnaissance, ne nous serait-il pas permis de déposer au pied de son trône les vœux qui nous restent à former pour un plus libre exercice de notre ministère? Si S. M. daignait le permettre, nous lui adresserions nos humbles remontrances sur divers objets que nous croyons intéresser la religion et le monde, par conséquent le bien général de la société. »

La troisième question, la plus captieuse et la plus délicate de toutes, tendait, dans l'esprit de l'Empereur, à trouver le moyen de se passer du Pape dans l'institution des évêques nommés. C'est la question capitale, celle qui va dominer toute la suite des débats, des négociations et des pourparlers, pendant trois années de lutte entre l'Église et l'Empire. Il est du plus haut intérêt de voir comment les membres du Comité ecclésiastique, choisi cependant avec soin par le César irrité des résistances du Pape, vont y répondre.

Leur consultation est très développée, ils sentent bien que là est le nœud de la situation. Aussi, est-ce avec une extrême prudence et, reconnaissons-le, avec beaucoup d'habileté, qu'ils abordent les préliminaires de la thèse.

Le Concordat, disent-ils, est un contrat

synallagmatique entre le chef de l'État et le chef de l'Église, par lequel chacun d'eux s'oblige envers l'autre. C'est aussi un traité public qui intéresse essentiellement la nation française et l'Église catholique. Par ce traité, chacune des augustes parties contractantes acquiert des droits et s'impose des obligations. Le Concordat assure à S. M. le droit de nommer aux archevêchés et évêchés, droit qu'exerçaient avant Elle les rois de France, en vertu du Concordat passé entre Léon X et François 1er. Il réserve au Pape le droit d'accorder l'institution canonique aux archevêques et évêques nommés par S. M., suivant les formes établies par rapport à la France avant le changement de gouvernement. Ainsi, concluent les prélats signataires du mémoire, ainsi se concilient et se fortifient mutuellement les droits du souverain qui ne peut être étranger au choix des premiers pasteurs à qui leur ministère donne une grande influence sur les peuples, et les droits de l'Église de qui seule émane toute juridiction dans l'ordre spirituel.

« Mais, ajoutent-ils, le droit de donner l'institution canonique, réservé au Pape par la discipline actuelle de l'Église, ne doit pas être exercé arbitrairement... C'est une des clauses expresses du Concordat de 1515, que le Pape est tenu d'accorder les bulles d'institution aux sujets nommés par le souverain ou d'alléguer les motifs canoniques de ses refus. »

Ces principes, toujours d'après les prélats, sont évidents, et le Pape ne les conteste point. Pourquoi donc se refuserait-il à instituer les sujets nommés aux sièges vacants ? On en connaît plusieurs motifs.

« Dans une circonstance où l'Église de France est en péril, des évêques consultés par l'Empereur, qui en est le protecteur, s'écarteraient-ils du profond respect dont ils sont pénétrés pour la dignité suprême et pour la personne sacrée du chef de l'Église universelle, en discutant ces motifs et en mettant, sous les yeux de l'Empereur, des réflexions qu'ils auraient proposées à Sa Sainteté elle-même, s'ils étaient admis à l'honneur de conférer avec Elle ?

Suivent les réflexions sur chacun des trois motifs allégués par le Saint-Père.

Et, d'abord, les innovations religieuses introduites en France depuis le Concordat.

On y a déjà répondu, en parlant des articles organiques.

Le second motif tiré de la violation du territoire pontifical ne semble pas valoir pour autoriser une suppression du Concordat, lequel
n'a point garanti l'intégrité de ce territoire ni
le pouvoir temporel des Papes. Les membres
de la commission établissent cependant l'historique et la nécessité de ce pouvoir, mais ils
pensent que le refus des bulles ne paraît pas
une mesure adaptée au but que se proposerait
Sa Sainteté, en espérant, par ce moyen,
obtenir le rétablissement de son pouvoir de
prince temporel.

Le motif le plus grave est tiré de la situation
faite au Saint-Père par sa déportation et son
emprisonnement à Savone. « A ces dernières
plaintes du Pape, disent les prélats signataires,
nous n'avons d'autre réponse à faire que de les
mettre nous-mêmes sous les yeux de Sa
Majesté, qui en sentira toute la force et toute la
justice. »

Après cette déclaration, qui ne manque pas
de courage, les auteurs du mémoire abordent
la quatrième et dernière question de la série.

« Si le Pape, disent-ils, persistait à se refuser à l'exécution du Concordat, il est certain,
rigoureusement parlant, que l'Empereur ne serait plus tenu de l'observer, et qu'il pourrait le

regarder comme abrogé. Mais, s'empressent-ils d'ajouter, s'ils nous est permis d'exprimer notre pensée, nous ne croyons pas que l'intérêt de la France et de l'Empereur demande ou permette que Sa Majesté use de ce droit. »

Mais alors que faire? C'est là précisément que les attendait la volonté nette, précise et catégorique du César, irrité par la suspension de l'épiscopat dans un nombre chaque jour croissant de diocèses.

Quelles mesures prendre pour suppléer au défaut des bulles pontificales, et donner l'institution canonique aux évêques nommés par Sa Majesté?

Après un assez long exposé historique de la tradition pour l'institution des évêques depuis les origines, et un exposé assez net du droit exclusif de l'Église en cette grave matière, les prélats finissent par se dérober et ils introduisent les premières ouvertures de l'entreprise conciliaire qui va être le but principal de cette étude. Les préjugés gallicans et parlementaires transparaissent bien dans cet échappatoire, ils n'ôtent rien à ce qu'il a de piquant :

« Le conseil, à qui Sa Majesté fait l'honneur de proposer cette importante question, n'a pas l'autorité nécessaire pour indiquer les mesures propres à remplacer l'intervention du Pape dans la confirmation des évêques. Son avis, à cet égard, ne serait que celui d'un très petit nombre de prélats sans pouvoirs et sans caractère pour représenter, nous ne disons pas l'Église universelle à qui cette question n'est pas étrangère, mais même l'Église gallicane qu'elle intéresse plus particulièrement. En conséquence, nous pensons que, dans une circonstance aussi délicate, où il est essentiel. et de ne point s'écarter des principes consa crés par la religion, et de ne pas alarmer les consciences, Sa Majesté ne peut rien faire de plus sage et de plus conforme aux règles, que de convoquer un concile national, où le clergé de son empire examinerait la question qui nous est proposée, et indiquerait les moyens propres à prévenir les inconvénients du refus des bulles pontificales. En 1688, à l'occasion d'un refus semblable fait par le pape Innocent XI aux évêques nommés par Louis XIV depuis 1682, le Parlement de Paris, sur les conclusions du procureur général de Harlay, rendit un arrêt portant que le roi serait supplié de convoquer les conciles provinciaux, ou même un concile national, et cet arrêt, dit d'Héricourt, est conforme à ce qui s'est pratiqué en France en des occasions pareilles : les exemples en sont rapportés dans les preuves des libertés de l'Église gallicane. »

VII

Restait à traiter la troisième série des questions, en particulier celle qui avait trait à la bulle d'excommunication, dont Napoléon se sentait plus vivement blessé. Avant de toucher à ce point périlleux, les prélats consultés donnent leur avis sur la situation et les plaintes des Églises d'Allemagne.

Ils exposent avec beaucoup de soin, sur les notes qui leur ont été remises par le Prince-Primat de la Confédération d'outre-Rhin, l'étendue des maux qui pèsent sur ces Églises, les tentatives qui ont eu lieu jusqu'à ce moment pour y remédier et les principaux obstacles qui les ont fait échouer.

D'accord avec le prince-archevêque de Ratisbonne, ils invoquent le protectorat de Napoléon et l'adjurent de se concerter avec le

Pape pour établir en Allemagne une hiérarchie et des circonscriptions analogues à celles
des Églises de France. Là est le salut, parce
que là se trouvera le remède à l'ingérence
continuelle du pouvoir civil dans les affaires
ecclésiastiques, ingérence inaugurée et mise en
faveur par Joseph II outre-Rhin.

Pour la Toscane, il n'en est pas de même.
« Les Églises d'Allemagne sont dans une situation qui demande qu'on vienne à leur secours
par les voies les plus promptes et les plus effi-
caces. Celles de Toscane, au contraire, ne
souffrent point, elles sont régulièrement orga-
nisées et canoniquement administrées. »

Cependant, « si Sa Majesté pense qu'une
nouvelle circonscription et de nouveaux arrangements soient utiles au bien de ces Églises,
tout porte à croire qu'au moment où le Pape
sera entouré de ses conseils et où sa situation
lui permettra de s'occuper de ces objets,
Sa Sainteté y donnera une attention active et
soutenue, et secondera les vues religieuses de
l'Empereur, comme elle l'a fait en concluant
les concordats des Églises de France et de
Piémont. »

Mais, concluent les prélats, là, plus qu'ailleurs encore, rien ne saurait être entrepris

sans le concours préalable et indispensable du chef de l'Église.

Voici enfin le point le plus épineux, celui où la moindre velléité de résistance risque de porter l'irritation du vainqueur de l'Europe à son dernier degré d'acuité et peut le pousser aux extrémités schismatiques, dont les courtisans ne cessent d'agiter le spectre devant les prélats du Comité ecclésiastique de 1810, comme autrefois Bossuet et les membres de l'assemblée du clergé de France en 1682.

L'Empereur avait dit :

« La Bulle d'excommunication du 10 juin 1809 étant contraire à la charité chrétienne, ainsi qu'à l'indépendance et à l'honneur du trône, quel parti prendre pour que, dans des temps de trouble et de calamités, les Papes ne se portent pas à de tels excès de pouvoirs ? »

Avant de répondre, les évêques du Conseil estiment nécessaire de faire une analyse detaillée de la Bulle, car, disent-ils, « si, d'un côté, le respect et l'obéissance que nous devons au souverain qui nous interroge nous obligent à lui répondre avec la franchise et la véracité de notre ministère, de l'autre, la vénération profonde et le dévouement de tout évêque catholique à la personne sacrée de Sa Sainteté, lui font un devoir non moins pressant de ne pas s'expliquer légèrement sur un acte émané d'elle, et dont les principes et les résultats sont d'une haute importance. »

La Bulle d'excommunication analysée, et après avoir indiqué comment Pie VII estime que le Concordat s'est changé en un vrai fléau pour l'Église par le fait des violations dont ce traité est devenu l'objet, les prélats du Conseil ecclésiastique expriment leur profonde affliction de « trouver des inculpations graves en matière de foi parmi les motifs qui ont déterminé le Pape à une mesure si extrême. »

Se posant nettement en contradicteurs, ils vont justifier la plainte du cardinal Pacca au sujet de leur courtisanerie. Jusqu'ici, sauf de légères restrictions, nous avons pu louer leur modération et en un sens leur courage, mais ici l'abbé Émery se vit forcé de se séparer d'eux, quand, opposant leurs vues personnelles aux affirmations du Pape, ils n'hésitent pas à écrire :

« Sa Sainteté ne croit pas que des raisons politiques et des combinaisons militaires aient été la principale cause des événements dont elle se plaint, et cependant tout porte à penser qu'il n'y a point eu d'autres causes... Ce n'est pas au prince qui a rétabli l'Église dans la possession de son plus bel héritage, en ramenant la France à l'unité et à la soumission au père commun des fidèles, ce n'est pas au souverain qui a replacé la religion catholique sur ses autels, rappelé de l'exil ses ministres persécutés, et qui, depuis, leur a donné des preuves multipliées de sa munificence et de sa protection, qu'on peut justement attribuer des plans contraires à la religion. »

Quand on songe qu'au moment même où ils louaient ainsi l'Empereur, le Pape était prisonnier à Savone, l'éloge fait mal et on se prend à regretter que les prélats, trop courtisans ou trop intimidés, n'aient pas mieux senti la réserve que leur commandait la situation de l'auguste captif.

Tous leurs efforts pour démontrer que les articles organiques ne sont point une violation du Concordat, que Napoléon n'a visé que les nécessités de sa politique anti-anglaise en annexant les États pontificaux à la France, et que par conséquent le Pape a eu tort de se plaindre et de motiver comme il l'a fait sa Bulle, considérée comme une représaille d'ordre spirituel contre une entreprise temporelle, n'aboutissent qu'à laisser l'âme du lecteur sous une impression de tristesse.

Comment ne pas s'attrister, quand on entend des évêques, les frères du pontife prisonnier, justifier le persécuteur, en s'écriant :

« C'était un souverain tout-puissant et toujours couronné par la victoire, qui, dominant dans toute l'Italie pour en fermer les portes à l'Angleterre, ne voyait dans la péninsule aucun autre point que l'État romain ouvert à ses ennemis. Dans cet état de choses, les contestations, les marches militaires et même les moyens de rigueur qu'amenaient les circonstances, tendaient uniquement au but politique de fermer entièrement l'Italie aux ennemis de la France. L'invasion de Rome n'en était point encore un résultat nécessaire. Mais la cour de Rome, entraînée par les circonstances à des démarches hostiles, s'est constituée, sans le vouloir, en état de guerre avec la France. Dès lors, cette position a dû la soumettre à toutes les chances inséparables des événements militaires, et l'invasion de Rome n'a plus été qu'une conquête ordinaire à laquelle on ne peut plus appliquer les armes spirituelles.

Ce besoin d'excuser l'invasion amenait fatalement les signataires à s'en prendre au pouvoir temporel lui-même et ils n'y échappent point.

« Qui oserait dire, écrivent-ils, que la foi et la religion catholique reposent essentiellement sur la souveraineté temporelle des papes? »

Ils vont plus loin. S'appuyant sur des documents historiques depuis discutés et écartés par l'examen plus attentif des sources, ils contestent au chef de l'Église le droit d'excommunication sur les rois de France, lesquels, d'après d'Héricourt, « n'ont que Dieu pour juge et pour supérieur ». D'ailleurs, pour défendre ces droits régaliens, nos souverains sont entourés d'un corps épiscopal, auquel les papes doivent, conformément aux règles et usages de l'Église gallicane, soumettre d'abord leurs Bulles, pour voir s'ils sont d'accord avec ces usages et si leur publication ne serait pas sujette à de grands inconvénients.

« Or, la Bulle, ou, pour parler plus exactement, le décret du 10 juin dernier, n'a pas été adressé aux évêques de France, et, si il l'eût été, nous ne doutons nullement qu'ils ne l'eussent déclaré contraire à la discipline de l'Église gallicane, à l'autorité du souverain, contre l'intention du Pape, de troubler la tranquillité publique, et que dès lors ils n'eussent pu se dispenser de le regarder comme nul et non avenu. »

Après ces déclarations, il ne restait plus qu'à prononcer la nullité de l'excommunication, c'est ce qu'offrent les signataires.

« La déclaration authentique de la nullité de l'excommunication semble être le plus sûr moyen pour empêcher que les souverains Pontifes ne se laissent aller aux fausses suggestions, par lesquelles on tenterait de leur persuader d'en publier de semblables à l'avenir. »

Pour donner plus de solennité à cet acte d'insurrection contre l'ingérence pontificale, il y a un moyen, toujours le même, celui que les conseillers de Napoléon ne cessent de préconiser, le Concile National.

« Que si la déclaration d'un petit nombre d'évêques n'était pas regardée comme suffisante, il resterait à la soumettre à l'examen d'une assemblée du clergé de France, ou même d'un concile national, pour y être renouvelée. Nous avons tout lieu de croire que cette assemblée ou ce concile, après avoir établi les vrais principes et déclaré quel est l'esprit de l'Église dans l'application des censures à l'égard des souverains et notamment des rois ou empereurs des Français, déclarerait la nullité,

et interjetterait appel au concile général ou au
Pape mieux informé, tant de la bulle d'excommunication du 10 juin, que de toutes les bulles
semblables qui pourraient être rendues par la
suite... »

VIII

L'Empereur, en recevant ce mémoire, jugea
et fit dire aux signataires que cette dernière
réponse ne satisfaisait pas entièrement à la
question, en ce qu'elle ne déterminait pas si
le concile national avait en lui-même l'autorité nécessaire pour suppléer au défaut des
bulles apostoliques, ou s'il faudrait encore
recourir à une autorité supérieure à la sienne.

Pressé par la logique inexorable de Napoléon, le Conseil se décida alors à faire un pas
de plus en avant dans la voie fatale où il s'en-
gageait. Nous avons retrouvé le supplément de
leur réponse, supplément que les historiens
n'ont pas connu :

« Jusqu'à présent, y disent-ils, nous avons

raisonné d'après les lois de la discipline ecclésiastique, et, dans l'état ordinaire des choses, il n'est jamais permis de s'en écarter. Mais un point de discipline ecclésiastique établi pour le gouvernement et pour la conservation des Églises particulières cesse d'obliger, lorsqu'il est évident qu'on ne peut l'observer sans exposer une grande Église aux plus grands dangers. Si le chef de l'Église paraît abandonner l'Église de France à elle-même, en refusant de concourir, comme il le doit, à l'institution de ses évêques, cette Église, si ancienne et qui occupe une place si considérable dans la catholicité, doit trouver en elle-même des moyens de se conserver et de se perpétuer. Elle est autorisée à recourir à l'ancien droit, lorsque, sans qu'il y ait eu faute de sa part, l'exercice du droit commun est devenu impraticable à son égard. »

Ainsi, on pourrait se passer du Pape et recourir à une ancienne pratique, basée cependant sur l'agrément ou la tolérance des souverains Pontifes, sans en demander l'autorisation au chef de l'épiscopat, et même contre la volonté de celui-ci !

C'est devant cette nouveauté, disons-le franchement, schismatique, que, pour éviter de tomber dans un schisme, les conseillers de Napoléon ne reculent plus. Ils écrivent :

« En conséquence, nous pensons qu'après avoir protesté de son attachement inviolable au Saint-Siège et à la personne du souverain Pontife, après avoir réclamé l'observation de la discipline actuellement en vigueur, le concile pourrait déclarer, qu'attendu l'extrême difficulté ou l'impossibilité de recourir à un concile œcuménique vu, le danger imminent dont l'Église de France est menacée, l'institution donnée conciliairement par le métropolitain à l'égard de ses suffragants, et par le plus ancien évêque de la province à l'égard du métropolitain, tiendra lieu des bulles pontificales, jusqu'à ce que le Pape ou ses successeurs consentent à l'exécution du Concordat. »

Ce retour, quelque mitigé qu'il fût, à la principale erreur de la Constitution Civile du clergé, ne laisse pas que d'effrayer ceux qui l'indiquent, et ils cherchent à se justifier eux-mêmes de l'avoir indiqué : « Ce retour provisoire à une partie de l'ancien droit ecclésiastique serait justifié, ajoutent-ils, par la première de toutes les lois, la loi de la nécessité, que N. S. P. le Pape a lui-même reconnue, à laquelle il s'est soumis, lorsque, pour rétablir l'unité dans l'Église de France, il s'est mis au-dessus de toutes les règles ordinaires, en supprimant, par un acte d'autorité sans exemple, toutes les anciennes Églises de France pour en créer de nouvelles. »

Comme s'il y avait parité et comme si l'acte d'un supérieur qui a pouvoir de légiférer autorisait les inférieurs à légiférer sans lui et contre son gré! Nous avons retrouvé, à côté de cette pièce, les documents émanés d'autres prélats que Napoléon avait fait consulter, en dehors de son Conseil ecclésiastique, tels que le cardinal de Bayane, et d'autres ecclésiastiques constitués en dignité. Ils n'hésitent pas à rejeter d'avance ces errements renouvelés de 1682 et de 1790. Bien plus, l'un des membres du conseil lui-même, Mgr Canaveri, évêque de Verceil, en envoyant au Ministre des Cultes la lettre qu'il a écrite à Pie VII sur les instances de Napoléon, s'honore de montrer un certain courage à réclamer d'avance, le 14 août 1809, contre l'avis qu'il signera à la fin de janvier 1810.

La lettre de cet évêque au ministre Bigot de Préameneu est très curieuse. Elle confirme une appréciation, pressentie par M. le comte d'Haussonville, relative à la maladie dont fut atteint Pie VII pendant sa dure captivité. En tout cas, elle fait preuve d'une certaine indépendance de vues et de langage, qui n'est pas à dédaigner au milieu de l'effacement universel. Elle est d'ailleurs inédite et sera lue avec intérêt.

« ... Me serait-il permis de vous faire ici une remarque avec tout le respect que je dois aux ordres souverains? Si S. M. l'Empereur et Roi veut mener les affaires religieuses, comme elle mène ses armées victorieuses par toute l'Europe, nous, ses fidèles sujets, nous sommes perdus; et il est impossible qu'en cas de schisme, il n'y ait pas de troubles, et, par conséquent, des ruines, desquelles j'ignore si on peut calculer l'étendue. Si l'on ne menace que pour décider le Pape à s'en tenir au Concordat, à la bonne heure. Votre Excellence peut voir comme j'ai écrit. Mais il est triste de réfléchir que tous les bruits qui ont couru depuis trois ans se sont successivement réalisés. Quelques francs-maçons de Verceil nous menacent, depuis six mois, de plus grandes calamités encore, et nous disent que, si l'Église n'est pas perdue dans un an, c'est le plus grand miracle qui soit arrivé depuis dix-huit siècles. Je ne crois pas ces gens-là, qui sont plus ennemis du gouvernement qu'on ne le croit; mais jusqu'à présent ils ont malheureusement prédit les événements tels qu'ils sont arrivés. »

L'évêque de Verceil, s'appuyant sur l'état physique où se trouvait le Chef de l'Église, essaie de toucher le cœur du ministre et par celui-ci du souverain.

« Ne voit-on pas, ajoute-t-il, que le Pape est malade d'une mélancolie exaltée, genre de maladie que les médecins connaissent? Si le Pape fût (avait été) personnellement ennemi de l'Empereur et Roi, n'aurait-il pas pu d'un coup de main se livrer aux Anglais? Bien d'autres papes se sont enfuis, travestis, malgré la surveillance militaire. Mais le Pape, siégeant (régnant) avec un grand fonds de vertu, n'avait pas de ruse humaine, il n'était que malade. C'est ainsi, au moins, que je pense dans mon particulier, car, depuis deux ans, je ne sais plus raisonnablement expliquer tant de faux pas qu'il a faits. Ce dernier faux pas de vouloir manquer au Concordat solennel et tout récent n'est-il pas une exaltation de mélancolie? Un peu de pitié, Monseigneur, s'il est encore possible, à ce pauvre vieillard, qui, d'ailleurs, (en) venant à Paris pour sacrer Sa

Majesté Impériale et Royale, lui a bien témoigné son affection à la face de l'Europe. »

Après cette adjuration, partie d'un bon naturel et qui témoignait de quelque courage à cette date, l'évêque termine, en s'excusant de sa hardiesse :

« Pardon, Monseigneur, si je m'avance à toucher une corde politique. Mais le cœur d'un évêque ne peut que s'ébranler à l'idée d'un schisme. Je ne vois pas loin en matière spirituelle (?) et il est pardonnable à un évêque s'il n'entend rien aux affaires temporelles. Mais je suis bien sûr que nous sommes plus sincèrement et plus parfaitement dévoués à Sa Majesté Impériale et Royale que tous les partis athées, protestants et schismatiques, qui insultent aux malheurs de l'Église catholique. »

IX

Nous ne saurions songer à écrire ici l'histoire complète des actes du Conseil ecclésiastique, ce serait nous écarter du vrai but de ce préambule, qui est de montrer, dans les délibérations de ce Conseil, la préface et comme la préparation éloignée du Concile National. Il y aurait eu cependant grand intérêt à le suivre dans les débats auxquels donna lieu l'affaire du divorce. M. d'Haussonville a raconté cet épisode avec beaucoup d'interêt. Plus récemment, M. Henri Welschinger l'a complété par une foule de documents inédits dans son livre si curieux sur le *Divorce de Napoléon*. Nous aurions eu à fortifier les conclusions du docte chercheur par quelques pièces inédites importantes. Mais, encore une fois, il nous faut passer sur cet incident, pour retrouver le Conseil, à sa reconstitution, en janvier 1811, lorsque Napoléon, en le convoquant de nouveau, lui eut adjoint le cardinal Caselli, évêque de Parme, et le trop célèbre abbé de Pradt, archevêque nommé de Malines.

Les réponses du premier Conseil, émises un an auparavant, avaient été soumises par l'Empereur à une Commission composée du prince-archichancelier, du Ministre des Cultes, des ministres d'État Regnaud de Saint-Jean-d'Angely et Treilhard, et du maître des requêtes Guyon.

« Cette Commission — lisons-nous dans
l'*Exposé des faits relatifs à la correspondance
avec le Pape* conservé manuscrit dans les papiers du cardinal Fesch — a été d'avis que le
résultat des réponses données par les prélats
était en général conforme aux principes, ils
les ont seulement développés avec plus de pré-
cision. »

Fort de cette approbation séculière, l'Empereur se décidera-t-il à suivre les conseils de
ces prélats? « Sa Majesté, ajoute l'*Exposé*, aurait pu sans doute prendre dès lors, sur la correspondance ecclésiastique avec le Pape, un
parti définitif. Il y avait, dans les faits, des
motifs plus que suffisants, et la marche était
tracée... L'Empereur pouvait ordonner que sa
nomination fût suffisante pour le gouvernement des Églises indépendantes des Chapitres :
il a bien voulu, par pur esprit de charité et
pour qu'il ne pût s'élever aucune difficulté, que
les Évêques nommés exerçassent en vertu des
pouvoirs que les Chapitres leur donneraient. »

Mais, le Pape veillait. Tout malade qu'il
fût, par des brefs célèbres, adressés, le 10 novembre 1810 au cardinal Maury, le 4 décembre 1810 au Chapitre de Florence, puis au
vicaire capitulaire d'Asti, Pie VII rappelle

énergiquement les intéressés à l'observation des lois de l'Eglise et au respect des droits inaliénables du Siège apostolique. Par une voie sûre, ces brefs furent imprimés, réunis en un petit volume, envoyé à des destinations suffisamment nombreuses et bien choisies pour que les fidèles fussent préservés et instruits.

L'un des évêques à qui elle fut envoyée, celui d'Orléans, prit peur. Il se hâta de transmettre au Ministre des Cultes le corps du délit, en s'excusant, dans une lettre tellement obséquieuse et tremblante, qu'elle suffirait à elle seule pour justifier la vengeresse déclaration que lui adressera, à un demi-siècle de là, son successeur, Mgr Dupanloup, d'illustre et vaillante mémoire.

Quand il en eut connaissance, Napoléon frémit de colère. Par son ordre, M. Bigot de Préameneu en fit l'objet d'une communication au nouveau Conseil ecclésiastique, à qui le ministre écrivait, à la date du 3 mars 1811 :

« Messieurs les Membres du Conseil ecclésiastique, j'ai reçu de Sa Majesté l'ordre de vous envoyer la lettre (dont copie est ci-jointe) de M. l'évêque d'Orléans et l'imprimé qu'il m'a transmis, intitulé : *Lettres de*

N. S. P. le Pape Pie VII, concernant les élections capitulaires. Vous y verrez combien il est nécessaire de mettre un frein à cette malveillance et que la cour de Rome attaque de front les libertés de l'Église gallicane, qui viennent d'être sanctionnées par tant d'évêques et de Chapitres. »

Le ministre en profite pour presser les conseillers de hâter leur travail :

« Je vous ai plusieurs fois témoigné combien Sa Majesté désire aussi que les conseils qu'Elle attend de votre dévouement et de vos lumières tardent le moins qu'il sera possible. Je vous prie de me mettre dans le cas de donner à cet égard une réponse positive. »

Ainsi pressés, les membres de la deuxième commission se hâtèrent de donner leurs conclusions. M. Émery, presque mourant, lutta tant qu'il put, pour arrêter les évêques dans une voie fatale. Il s'élevait avec une vigueur extraordinaire, dernière flamme d'un feu prêt à s'éteindre, contre les assertions intéressées et inexactes relatives aux sentiments du clergé de France en 1682, et le prétendu concours que leur aurait prêté Bossuet.

Pour complaire à M. Émery et céder à la grande autorité de cette « lumière de l'Église gallicane », ils introduisirent quelques amendements dans leur réponse, insuffisants cependant, puisque le vénérable successeur de M. Olier, cette fois encore, se refusa à les signer, tout comme il avait refusé de signer les conclusions du premier Conseil, en 1810.

C'est sans doute aux objections de M. Émery que les signataires du Conseil de 1811 faisaient allusion, quand ils écrivaient, au début de leur mémoire :

« Nos réponses se renferment dans le cercle des malheureuses circonstances où nous nous trouvons ; elles se rapportent aux temps d'une impossibilité absolue de toute communication avec le Chef de l'Église. A ces mots, Sire, nous croyons pouvoir vous ouvrir nos cœurs, et nous réclamer de votre souveraine indulgence, qu'il nous soit permis d'avouer à Votre Majesté que cette idée affligeante les a constamment oppressés dans le cours de nos délibérations... »

Sous le bénéfice de cette réserve, moins accentuée cependant que l'année précédente, les conseillers entrent en matière et répondent aux deux questions que leur avait posées à nouveau le gouvernement impérial.

X

Le message de l'Empereur demandait, en premier lieu :

« Toute communication entre le Pape et les sujets de l'Empereur étant interrompue, quant à présent, à qui faut-il s'adresser pour obtenir les dispenses qu'accordait le Saint-Siège? »

La réponse, ce semble, était bien simple. Puisqu'il dépend de l'Empereur de rétablir les communications entre le Pape et les fidèles, Sa Majesté est adjurée de faire cesser cet état de choses, si préjudiciable aux intérêts de l'Église et au lien nécessaire de l'unité catholique. C'est ce que M. Émery voulait amener les prélats à répondre; ils ne l'osèrent point. Ils se bornèrent à établir longuement, sur des considérants historiques discutables et sur des citations de canonistes qui ne s'appliquaient *ad rem* qu'à l'aide d'une torture dans l'interprétation du texte, le droit des évêques en matière de dispense, en concluant que, « lorsque des circonstances malheureuses interrompent, pour un temps, la communication entre le Pape et les sujets de l'Empereur, c'est aux évêques diocésains que les fidèles doivent s'adresser afin d'obtenir les dispenses qu'accordait le Saint-Siège. »

Après quoi, le mémoire aborde la deuxième question, la plus importante évidemment :

« Quand le Pape refuse persévéramment d'accorder des bulles aux évêques nommés par l'Empereur pour remplir les sièges vacants, quel est le moyen légitime de leur donner l'institution canonique? »

Déjà, l'année précédente, le conseil avait répondu, en conseillant la convocation d'un Concile National. Mais le moyen ne souriait guère à l'Empereur, qui eût préféré un moyen plus radical, et surtout plus rapide, que les débats d'une assemblée délibérante, peu faite pour tenter un César.

Sans renoncer à leur idée qu'ils ramèneront sous une autre forme, les conseillers ecclésiastiques de 1811 crurent habile d'accentuer leurs blâmes à l'endroit de Pie VII. « Pourquoi faut-il, s'écrient-ils au début de leur réponse à cette périlleuse question, que le Pape ait tenté de les dépouiller (les évêques nommés) d'un droit si légitime (celui d'exercer canoniquement la juridiction épiscopale dans leurs diocèses) et qui ne peut tourner qu'à l'avantage des fidèles? »

Dans les brefs de Pie VII à Florence, à Paris et à Asti, ils ne voient « qu'une triste preuve des préventions inspirées au Pape par des hommes peu instruits de nos usages et de la situation de l'Église de France. »

Suit une critique assez inattendue du Concordat. « En effet, disent-ils, le Concordat donne aux papes un avantage trop marqué sur nos monarques. Il les établit, en quelque sorte, les maîtres de l'épiscopat, puisqu'il n'indique aucun moyen de les forcer à remplir l'obligation que leur impose ce traité. Par une des clauses du Concordat, le prince perd le droit de nommer, si, dans un temps fixé, il ne présente pas au Pape un sujet capable. Pour qu'il y eût égalité de droits entre les augustes parties contractantes, il eût fallu que, de son côté, le Pape se fût obligé de donner l'institution, ou de produire un motif canonique de refus, dans un temps déterminé, faute de quoi le droit d'instituer serait dévolu, par le seul fait, au concile de la province où serait situé l'évêché vacant. »

Le Conseil exhorte l'Empereur à engager des négociations, pour obtenir de faire ajouter cette clause au Concordat, parce que, « au moyen de cette clause, il ne serait plus au pouvoir des papes de prolonger, à leur gré, les vacances des sièges. *Les papes ne seraient plus les maîtres de l'épiscopat.* Nous conserverions tous les avantages du Concordat, sans inconvénients et sans danger... »

Mais, en attendant que cette négociation difficile aboutisse, que faire?

Tout d'abord, il faut se préoccuper de l'opinion publique. « Et qu'on ne croie pas que nous cédons à de vaines terreurs. Nous connaissons les sentiments et les dispositions des peuples confiés à notre sollicitude. Nous nous rappelons les difficultés que nous avons éprouvées au commencement de notre épiscopat, et les ménagements qu'il nous a fallu employer pour les concilier avec des changements amenés par les circonstances, mais contre lesquels d'anciennes habitudes les avaient prévenus. Nous savons que nous n'avons obtenu leur confiance et celle de leurs pasteurs immédiats, qu'en nous présentant à eux au nom du Saint-Siège. Nous savons encore, et il est de notre devoir de le dire à Sa Majesté, qu'au premier bruit de la mésintelligence qui a éclaté entre les deux puissances, l'inquiétude s'est répandue dans les esprits, les consciences ont été alarmées, et que, malgré tous nos efforts pour les rassurer, les peuples craignent de se voir replongés dans l'anarchie religieuse, dont la sagesse de Sa Majesté avait su les tirer. Dans plusieurs diocèses, il s'est formé une secte de prétendus *catholiques purs*, qui exerce un culte clandestin, auquel président des prêtres qui, se dérobant à la surveillance des évêques, ne donnent au gouvernement aucune garantie de leurs principes et de la morale qu'ils enseignent. Nous sommes instruits que cette secte, qui commençait à se dissiper, a pris une nouvelle force des circonstances actuelles, et sans doute qu'elle s'accroîtra d'une multitude d'hommes simples et ignorants à qui il ne sera pas difficile de persuader qu'un changement aussi important dans la discipline de l'Église annonce le projet de détruire la religion de leurs pères... »

Et, cependant, le besoin des Églises de France et la dignité de l'Empereur ne permettent pas de laisser aller les choses et d'attendre qu'il plaise au Souverain Pontife d'accorder des bulles aux évêques nommés par l'Empereur.

4

« La juridiction déléguée par les Chapitres
cathédraux aux évêques nommés, ne peut être
regardée que comme un expédient passager. »
Elle est d'ailleurs insuffisante, en ce qui concerne les pouvoirs d'ordre que les Chapitres ne
sauraient donner.

Il s'agit donc de recourir à un moyen plus
efficace, et les conseillers de 1811 pensent
d'abord « qu'il faudra rétablir, pour ce qui
concerne l'institution des évêques, les règlements de la Sanction Pragmatique, rédigés
dans l'assemblée de Bourges, en 1438, d'après
les décrets du Concile de Bâle ». Mais, pour
cela, il faut opérer la dénonciation du Concordat et, « dans une affaire d'une aussi haute
importance, où tous les fidèles ont le plus
grand intérêt, où il faut bannir de l'esprit des
peuples toute anxiété, toute inquiétude de
conscience, et ne laisser à des malintentionnés
aucun prétexte pour exciter des troubles, le
vœu de l'Eglise ne peut se manifester d'une
manière trop imposante. Le suffrage d'un petit
nombre d'évêques serait compté pour rien. Il
faut une délibération prise en commun, une
décision solennelle prise dans la forme conciliaire. C'est ainsi que les grandes affaires se
sont toujours traitées dans l'Eglise... »

On le voit, les conseillers impériaux n'ont pas d'autre remède à proposer, un Concile National, dont « les résolutions, prises à la pluralité des voix, seraient soumises, conformément à nos anciens usages, à l'approbation de Sa Majesté. »

En terminant, les signataires du nouveau mémoire ne craignent pas d'ajouter :

« Les vœux de l'Eglise de France seraient comblés, si elle pouvait obtenir l'assentiment de N. S. P. le Pape. On se fera du moins un devoir de le solliciter dans la forme la plus respectueuse; et s'il est refusé, on protestera que c'est avec la plus vive douleur que l'Eglise de France voit se rompre un des liens qui l'attachent au Saint-Siège; qu'elle ne se départira jamais de l'obéissance et de la soumission que lui doivent toutes les Eglises particulières; qu'elle désire ardemment que des circonstances plus heureuses lui permettent de revenir à cette forme d'institution qui multiplie ses rapports avec le Chef de l'Eglise, et dont elle ne s'écarte, en ce moment, que parce qu'elle y est forcée par la nécessité de pourvoir à sa propre conservation. »

Le travail de la Commission, terminé le 4 avril 1811, fut présenté à l'Empereur, qui en fut, dit-on, satisfait. Avant de prendre une détermination, et comme les prélats avaient accompagné leur mémoire d'une supplique demandant l'envoi d'une ambassade auprès de Pie VII, pour l'amener à condescendre à l'arrangement proposé, Napoléon réunit, aux Tuileries, les membres du Conseil ecclésiastique, le 16 mars, et c'est alors que se passa cette scène mémorable, où M. Emery eut la gloire de tenir tête à l'impérieux César, en lui déclarant que jamais le Pape ne céderait aux instances conseillées (1), parce que ce serait anéantir son droit d'institution canonique.

— Ah! ah! messieurs, fit alors l'Empereur en s'adressant aux prélats, un peu confus et fort inquiets de l'indépendance du vénérable sulpicien, vous vouliez me faire faire un pas de clerc, en m'engageant à demander au Pape une chose qu'il ne doit pas m'accorder !

On ne tarda pas à voir que le « pas de clerc » n'arrêta pas longtemps Napoléon, il le

---

1. Disons tout de suite à la décharge des signataires de cette consultation, que la plupart d'entre eux, le cardinal Fesch en particulier, revinrent sur leurs premières complaisances, se montrèrent très énergiques, au sein du Concile de 1811, pour réserver au Pape seul le droit d'instituer les Évêques.

franchit avec sa fougue ordinaire, irritée du moindre obstacle et du plus petit délai. L'Eglise de France se trouva bientôt à deux doigts du schisme, et il n'y avait pas un Bossuet alors, pour la retenir sur le penchant de l'abîme.

———

LE CONCILE NATIONAL DE 1811

D'APRÈS LES PAPIERS INÉDITS DU CARDINAL FESCH

CONSERVÉS AUX ARCHIVES DE L'ARCHEVÊCHÉ DE LYON

———

Nous venons de dire, en racontant l'histoire du Conseil ecclésiastique de Napoléon Ier, de 1809 à 1811, l'importance des papiers laissés par le restaurateur du siège primatial des Gaules et conservés aux archives de l'archevêché de Lyon. Ils contiennent une foule de renseignements sur cette période de notre histoire ecclésiastique insoupçonnés par nos historiens, ils contredisent souvent des affirmations estimées acquises à la vérité sur un bon nombre de points très graves dans le débat, et complètent toujours ce qu'on ne savait que d'une manière confuse et par supposition.

C'est à l'aide de ces documents de premier

ordre, la plupart originaux et le reste en copies authentiquées, que nous allons essayer de faire passer, sous les yeux du lecteur le tableau saisissant du grand épisode de nos luttes religieuses sous le premier Empire, que l'on est convenu d'appeler LE CONCILE NATIONAL DE 1811. L'expression est de tout point inexacte, anti-canonique. Mais, faute d'un autre nom adopté par l'usage, nous nous servirons de celui-là.

I

LA PRÉFACE DU CONCILE

1

C'était au commencement de l'année 1811. Le Pape, captif à Savone, venait de confier au courage de l'abbé d'Astros, le bref qui reprochait, en termes fulminants, au cardinal Maury, d'avoir osé accepter l'administration du diocèse de Paris, en vertu de prétendus pouvoirs conférés par le Chapitre métropolitain. L'abbé d'Astros était à Vincennes, Portalis, son parent, en disgrâce, d'autres adhérents ou complices supposés de M. d'Astros et des volontés du Pape, emprisonnés. Le Chapitre de Paris prit peur.

Réuni en assemblée extraordinaire le 3 janvier, il décida, sur le conseil du cardinal Maury, de rédiger une adresse à l'Empereur, où, sous couleur d'exposé des principes de l'Eglise gallicane, on chercherait à apaiser le courroux du maître. L'adresse, rédigée par Maury, fut assez vivement contredite, en plusieurs de ses assertions historiques ou canoniques, par l'abbé Émery. On convint finalement d'une rédaction, dont nous avons retrouvé la copie officielle dans les papiers du cardinal Fesch. C'est, pour employer l'expression même de son intitulé, une « humble adresse à S. M. l'Empereur et Roi ». Très humble, en effet, et qui dut plaire au César, si, comme on l'assure, elle lui fut d'abord soumise, avant d'être présentée aux délibérations du Chapitre.

Le jour fut pris, ou plutôt intimé par ordre de Sa Majesté. C'était un dimanche, le 6 janvier 1811, au jour de l'Epiphanie. Hélas! l' « humble adresse » n'allait guère s'offrir au monde officiel, réuni autour de la personne tant redoutée du vainqueur de l'Europe, comme une manifestation de la pleine et vive lumière catholique. A côté d'excuses plus que courtisanesques, de faits historiques plus que suspects (1), la Cour allait entendre, sous prétexte de gallicanisme, un blâme indirect au Pape, coupable d'entraver « la sollicitude des pensées souveraines ».

II

Au sortir de la messe, dans la grande salle des réceptions des Tuileries, l'Empereur trouva les chanoines réunis et visiblement terrifiés par les menaces suspendues sur leur tête depuis l'arrestation de leur délégué.

L'abbé Jalabert, le collègue du prisonnier de Vincennes, s'avança et, d'une voix émue, donna lecture de l'humble adresse (2) :

1. Nous les avons exposés tout au long et discutés, dans les *Mémoires du cardinal Maury* (tome II).

2. C'est un point controversé de savoir si la copie lue par l'abbé Jalabert, portait oui ou non les corrections délibérées en assemblée capitulaire. Le texte, que nous publions, est celui qui fut revêtu des signatures du chapitre, d'après la version conservée par le cardinal Fesch dans ses archives personnelles. Ceux qui ont lu les dissertations du cardinal Maury sur la difficile question des

« Sire,

« Au moment où le Chapitre métropolitain de Paris a eu l'honneur de se réunir avec tous les grands corps de l'État devant le premier trône du monde, pour y déposer aux pieds de Votre Majesté impériale et royale l'hommage de son respect, de sa fidélité, de son dévouement, de son amour, ainsi que des vœux qu'il ne cesse d'adresser au Ciel pour en obtenir tout ce qui peut intéresser la conservation, le bonheur et la gloire de votre personne sacrée, nous avons été pénétrés de l'affliction la plus profonde en entendant les reproches adressés par votre bouche auguste à l'un des membres de notre compagnie, qui nous a toujours inspiré autant d'estime que d'intérêt. Mais, en le plaignant du malheur qu'il a eu de perdre la confiance de son souverain, nous ne nous en sommes pas moins fait un devoir de révoquer aussitôt tous les pouvoirs spirituels dont nous l'avions investi.

« Cet hommage immédiat de déférence nous était commandé, Sire, par le respect et par la

---

pouvoirs conférés par les Chapitres le siège vacant, n'auront pas de peine à y reconnaître les mêmes idées, comme dans le style du début l'empreinte de celui du cardinal.

soumission que nous avons dû manifester à Votre Majesté, dès ces premiers moments de surprise et d'abattement. C'est pour nous soulager de ce poids de douleur dont nous sommes accablés, que nous pensons devoir aussi présenter une humble adresse au restaurateur tout-puissant de notre culte et au grand protecteur de l'Église gallicane, en lui exposant à la fois, de la manière la plus loyale et la plus authentique, nos principes, nos sentiments et notre conduite, relativement à tous les objets qui ont éveillé, dans cette circonstance, la sollicitude de vos pensées souveraines.

« Nous déclarons donc unanimement devant Dieu à Votre Majesté que nous sommes tous réunis par une adhésion pleine et entière à la doctrine ainsi qu'à l'exercice des libertés de l'Église gallicane, dont la célèbre université de Paris, l'une de vos plus belles restaurations, a toujours été la plus zélée dépositaire, et dont l'immortel évêque de Meaux, notre oracle, sera toujours regardé comme le plus sage et le plus invincible défenseur; que, toujours fidèles à notre éducation et à nos serments, nous adoptons et nous soutiendrons, jusqu'à la mort, les quatre fameuses propositions du clergé de France, proclamées dans l'assem-

blée à jamais mémorable de 1682, telles que
le grand Bossuet, suffragant de cette métropole, les a rédigées, développées et justifiées
avec cette mesure qui est la véritable force de
la raison, en prouvant qu'elles avaient toujours
été librement enseignées dans l'Eglise catholique, sans qu'on ait jamais pu et sans qu'on
puisse jamais les noter d'aucune censure. Nous
sommes catholiques, Sire, et nous nous enor-
gueillissons plus que jamais sous votre règne
de vouloir être toujours Français. Nous avons
l'honneur de former le chapitre métropolitain
d'une très grande Église qui a toujours été le
modèle et le guide de toutes les autres Églises
de France, et qui s'est signalée dans tous les
temps par le zèle le plus actif et le plus éclairé
pour les principes et les droits de l'Église
gallicane, dont elle doit être à jamais l'un des
plus remarquables boulevards. Nous ne dégé-
nérerons jamais par la moindre infidélité de
cette ancienne constance dans une branche de
l'honneur national que nous voulons transmettre à nos successeurs. Nous ne nous sépa-
rerons dans aucun temps de ce noble enseignement, héréditaire dans l'Église de France,
dont la doctrine canonique n'est autre chose,
selon le langage de saint Louis dans sa Prag-

matique Sanction, consacré par le même Bossuet à l'ouverture des séances de 1682, *que
l'ancien droit commun et la puissance des ordinaires, suivant les conciles généraux et les institutions des saints Pères*.

« C'est, Sire, en conséquence de ce droit
public inhérent à l'Église gallicane, que, conformant invariablement nos délibérations et
notre conduite à nos principes, nous reconnaissons, et nous reconnaissons authentiquement à Votre Majesté, que, selon la discipline
de toute l'Église catholique, discipline sanc-
tionnée par le saint concile de Trente, cha-
pitre XVIe de la XXIVe session, et exécutée sans
aucune exception dans tous les diocèses de la
catholicité, la juridiction épiscopale ne meurt
jamais, parce qu'elle est nécessaire, tous les
jours et à tous les moments, à l'Église ainsi
qu'aux fidèles ; qu'à l'instant même de la mort
des évêques, elle passe tout entière de plein
droit aux Chapitres des métropoles ou des
cathédrales durant la vacance des sièges, que,
selon les dispositions conciliaires déjà citées,
si les Chapitres négligeaient pendant huit jours
seulement de la faire administrer, elle serait
aussitôt dévolue pour chaque métropole au
plus ancien des évêques suffragants et pour

chaque cathédrale au métropolitain, ou à son défaut au plus ancien évêque de la province ecclésiastique ; que ce dépôt sacré, confié aux chapitres par le droit public comme par la constitution de l'Église catholique elle-même, est à l'abri de toute atteinte, de tout empêchement, de toute opposition, à moins qu'un Chapitre n'en fût dépouillé pour des causes légitimes par un jugement compétent ; que, d'après les principes du clergé de France, n'y ayant dans l'Église aucune puissance indépendante des canons, il n'en existe par conséquent aucune qui, par des voies contraires aux dispositions canoniques, ait le droit de mettre obstacle à cette prérogative, ou plutôt à ce devoir des Chapitres ; que ces corps ecclésiastiques ne peuvent jamais exercer capitulairement la juridiction épiscopale et qu'ils sont forcés de la déléguer, sous peine de la rendre nulle, dans les Églises vacantes ; qu'en la communiquant, soit à un administrateur principal, soit à des vicaires généraux, ils en rendent l'exercice aussi légitime, aussi libre et aussi complet qu'il doit l'être pour les besoins des fidèles et le service de l'Eglise, qu'il le serait pour un titulaire institué canoniquement ; que, d'après cet accord de faits uniformes et de règles immuables, l'usage constant de toutes les Églises de France est et a toujours été de faire déférer immédiatement par les Chapitres, aux évêques que nomme le souverain, tous les pouvoirs capitulaires, c'est-à-dire toute la juridiction épiscopale dont l'attribution n'éprouve ainsi aucun retard et dont l'exercice ne rencontre aucun obstacle ; qu'en conséquence de ce droit public ecclésiastique qu'aucun nuage ne saurait obscurcir et qu'aucun fait ne pourra jamais contredire, on voit que, dans le XVII siècle qui sera toujours en tout genre d'une si imposante autorité, depuis l'année 1681 jusqu'à l'année 1693, intervalle durant lequel toutes les institutions canoniques furent suspendues en France, ce fut sur le sage conseil de Bossuet à Louis XIV que tous les archevêques et évêques nommés en grand nombre, allèrent gouverner paisiblement, en vertu des pouvoirs qui leur furent donnés par les Chapitres, toutes les Églises métropolitaines ou cathédrales dont ils étaient destinés à remplir les sièges vacants, sans qu'on leur opposât ni le moindre empêchement, ni la moindre réclamation. Ce moyen canonique conserva l'unité, l'ordre et la paix pendant ce long orage politique. Un exemple si récent et si solennel décide absolument toutes les questions relatives à l'administration des Églises privées de leur premier pasteur.

« Enfin, nous déclarons que, ce droit public étant resté clair, intact et usité jusqu'à nos jours, nous avons rempli un devoir sacré en y conformant toutes nos délibérations avec autant d'empressement que de fidélité, depuis la mort du cardinal de Belloy.

« Telle est, Sire, la doctrine que nous professons hautement, que nous promettons de professer toujours, en disant, d'après les Livres sacrés, que « nos prédécesseurs nous « l'ont transmise et qu'ils la mirent en exécu- « tion durant leur vie, comme elle l'avait été « dans les temps les plus anciens qui s'étaient « écoulés avant eux. *Patres nostri annuntia-* « *verunt nobis quod operatus est in diebus eorum* « *et in diebus antiquis.* (Psalm. 43, vers. 1.) »

III

A peine la voix tremblante du harangueur finissait de retentir devant toute la cour réunie autour de Napoléon, que celui-ci, exagérant peut-être, selon sa tactique ordinaire, l'irritation réelle qu'il éprouvait des résistances de son auguste prisonnier, prit la parole.

Pendant une heure, il énuméra ses griefs, expliqua sa conduite, échafauda les accusations, tout cela avec un art de mise en scène infini, enveloppant ses torts sous des apparences tellement spécieuses que, même aujourd'hui où la lumière est faite sur le mal fondé des récriminations impériales, on se surprend, devant ce tissu si habilement tramé d'arguments sophistiques, on se demande si vraiment la bonne foi de l'Empereur n'aurait pas été de nature à impressionner son entourage ecclésiastique, et on comprend que le saint et auguste captif de Savone a pu finir par céder un instant devant d'aussi habiles pressions.

L'entretien de Sa Majesté avec le Chapitre de Paris à l'audience du dimanche 6 janvier 1811, a été analysé par M. d'Haussonville sur un procès-verbal assez exact. Mais, outre qu'il est reproduit par l'historien de *l'Église romaine et le premier empire* d'une façon abrégée, le « Sommaire » sur lequel notre illustre devancier a travaillé n'était pas celui que nous avons sous les yeux et qui porte tous les caractères du document officiel et définitif. En effet, le récit de l'entretien a été rédigé par l'ordre et sous les yeux de Napoléon, puis communiqué au cardinal Fesch, qui y a fait de sa main des corrections fort importantes. L'original, que nous avons sous les yeux, porte ces corrections. Nous les notons au passage. Le lecteur trouvera, croyons-nous, avec intérêt ici, cette pièce capitale, que nous n'hésitons pas, dès lors, à reproduire dans son intégralité, malgré sa longueur. On l'oublie facilement, à entendre cette langue sobre, nette, précise, ce ton bref et impérial, qui charme et saisit, même quand on le devine mis au service d'une thèse paradoxale et d'une insupportable ingérence du despotisme civil dans les affaires les plus délicates de l'Église.

Le document est intitulé : « Sommaire de l'entretien de Sa Majesté avec le Chapitre de Paris à l'audience du dimanche 6 janvier 1811 ». En voici le texte intégral :

« Sa Majesté, dit le procès-verbal, s'est exprimée à peu près en ces termes :

« Je suis satisfait de l'exposition des principes du Chapitre de Paris. Il est dans les miens de maintenir les droits de ma couronne, Je veux que la dignité de mon trône et l'indépendance de la nation ne puissent être compromis dans mes relations avec le Pape.

« Après la cérémonie du couronnement, il s'en est allé avec un vif ressentiment contre moi ; j'en connais les motifs.

« Le premier était relatif aux propositions de la déclaration du clergé en 1682. Le Pape, se trouvant seul avec moi, me montra une lettre de Louis XIV qui promettait de ne point ordonner l'exécution de la déclaration sur les quatre articles. Le Pape voulait que je lui en donnasse une pareille, promettant qu'elle resterait secrète.

« Je ne m'étais point encore occupé des matières ecclésiastiques : je ne compris pas ce que le Pape voulait de moi ; mais la demande du secret me donna de la défiance, et d'ailleurs il n'était pas dans ma manière de rien signer que je ne le comprisse.

« Je consultai Son Ém. le cardinal Fesch et d'autres Prélats, qui me découvrirent l'espèce de piège qui m'avait été tendu.

« Sa Majesté a demandé à Son Eminence si elle s'en souvenait. Son Altesse a répondu qu'en effet plusieurs Évêques avaient été consultés, l'Archevêque-Évêque de Troyes, l'Archevêque-Évêque d'Autun, les Archevêques d'Aix et de Bourges, l'Evêque de Meaux nommé à l'Archevêché de Tours (1), et que tous répondirent qu'il n'y avait rien de plus important pour l'État et pour l'Église elle-même que de maintenir les propositions de 1682.

« La deuxième cause du ressentiment du Pape (a continué Sa Majesté) était de n'avoir pu obtenir la concession de la Romagne.

« Alors elle faisait partie du royaume d'Italie, cette réunion était devenue l'une des bases de sa constitution et tenait aux plus grandes considérations politiques ; c'était une opération consommée et d'ailleurs toute temporelle. Je ne pouvais pas accéder aux désirs du Pape.

« Depuis ce temps, le Pape n'a cessé d'être dans un tel état d'irritation, qu'il a tout fait en sens contraire de ce qu'eussent exigé ses intérêts temporels et ceux de la religion.

« Il entrait dans le système général des puissances européennes, que les Anglais qui ne

---

1. Le texte primitif portait *Son Altesse a répondu qu'elle s'en rappelait parfaitement, que les Évêques consultés firent...* Le texte qui remplace cette première version est de la main du Cardinal.

cessaient d'allumer le feu de la guerre dans toute cette partie du monde et d'usurper le commerce de l'univers, ne pussent communiquer avec le continent.

« Je demandais que les côtes dépendantes du territoire du Pape fussent interdites aux Anglais, comme elles l'étaient partout ailleurs, et que je pusse y mettre des forces suffisantes pour leur défense en cas de besoin.

« D'aussi grandes considérations n'ont pu avoir sur son esprit aucune influence; il s'est borné à répondre qu'il n'avait aucun motif de se déclarer contre les Anglais, qu'il était le père commun des fidèles, qu'il ne devait pas se priver des moyens de correspondance qu'il avait avec les chrétiens des pays d'outre-mer.

« Une longue négociation, les lettres les plus pressantes, les déclarations plusieurs fois répétées qu'il ne pouvait pas rester souverain de Rome s'il abusait à ce point de l'autorité temporelle : rien n'a pu l'ébranler.

« Il a mieux aimé voir anéantie cette souveraineté dont la perte a fait depuis le sujet de ses déclamations, que de ne pas entretenir ses communications avec les Anglais. Il a préféré les Anglais, des hérétiques, des ennemis du monde entier, au prince auquel la religion catholique devait la possibilité d'élire un Pape, son établissement à Rome, le rétablissement de son culte en France malgré les plus grandes oppositions.

« C'est dans le même esprit d'exaspération qu'il s'est conduit dans les affaires spirituelles.

« Des évêchés sont devenus vacants ; j'ai usé dans la forme ordinaire de mon droit de nomination. Il n'avait rien à reprocher contre les Évêques nommés, les enquêtes d'usage ont été faites ; il refuse obstinément de donner l'institution canonique.

« En Allemagne la religion est presque perdue par sa faute. De vastes contrées sont sans Évêques. Les Princes confédérés ne cessent de me demander ma protection, pour qu'il y ait enfin un ordre rétabli. Tous les arrangements proposés ont été éludés ou rejetés.

« Cependant le Pape n'ignorait pas mes dispositions pour le culte catholique en ce pays.

« Il savait que le Roi de Saxe n'avait même pas la liberté d'exercer son culte même dans son palais ; à ma voix et par ma puissance, le culte catholique a été libre à Dresde comme dans toute l'Allemagne. Un pareil trait aurait dû me faire envoyer le plus beau bref de remerciement par un Pape zélé pour la religion.

« En Hollande, je rétablis les catholiques dans leurs droits naturels.

« Le Pape m'a excommunié, moi, mes ministres, toutes les personnes employées dans mon Gouvernement. Sa bulle d'excommunication a été mise sous les yeux d'un Comité d'Évêques, qui tous ont pensé qu'elle était aussi contraire aux formes canoniques qu'à la raison et absolument nulle.

« Ce sont toutes ces entreprises de la Cour de Rome, ce sont les troubles qu'elle parvenait à susciter en France qui sont cause que, depuis le règne de Louis XIV, on a toléré le cours de ces ouvrages qui, en affaiblissant l'empire de la religion, tendaient encore plus à détruire toute prépondérance du Pape. Ce ne fut d'abord que quelques pièces de théâtre, telles que *le Tartufe*, etc., et ensuite des productions de tout genre qui ont fait le plus grand mal.

« Il était humiliant pour moi et avilissant pour ma couronne que des Évêques nommés restassent sans aucunes fonctions. Il était odieux que, par le fait du Chef de l'Église manquant ouvertement à ses devoirs les plus sacrés, on vît, sans exécution et comme méprisés, mes décrets de nomination en faveur de prélats de mœurs et de doctrines intactes, en faveur d'une partie considérable de mon peuple et de mon clergé, demandant pour leurs Églises des chefs nécessaires pour conserver les règles de l'harmonie. Cependant lorsque j'ai su qu'il y avait un moyen possible de donner encore au Pape le temps de revenir de cet égarement, et que, par ce moyen, on avait temporisé sous Louis XIV, pendant douze ans, j'ai bien voulu, par esprit de charité, permettre que mes Évêques nommés ne fussent provisoirement revêtus que des pouvoirs spirituels qui, suivant le droit inhérent aux Chapitres, pouvaient leur être donnés.

« Le Pape a vu que son système de refus de bulles n'aurait pas l'effet qu'il se promettait ; sa colère a éclaté, il a cru que c'était une occasion de soulever les Chapitres contre leur Souverain. Au droit positif des Chapitres, il a opposé sa volonté arbitraire. Il a même osé donner en exemple le cardinal Fesch comme ayant refusé les pouvoirs du Chapitre, tandis qu'il a déclaré être prêt à les accepter, et qu'il n'a été retenu que par les fausses idées de préférence qu'il donne à l'archevêché de Lyon à raison d'une ancienne Primatie.

« M. le Cardinal, interrogé sur ce qu'il avait cru pouvoir accepter la délégation du Chapitre, a répondu à Sa Majesté qu'il lui en avait fait plusieurs fois la déclaration formelle.

« Le Pape a, par des menées sourdes et indignes du grand caractère du Souverain Pontife, fait circuler à Paris, à Florence, dans le Piémont, des lettres qui, sous un règne fort, ne peuvent avoir aucunes suites fâcheuses, mais qui, sous un prince faible, eussent été autant de brandons de guerre civile.

« Des lettres ont été portées par un valet de chambre du Pape, de Savone à Lyon, et c'est une femme qui, de Lyon, les a apportées à Paris.

« Un sieur Dastros, jeune prêtre n'ayant pu recevoir une bonne instruction pendant les orages révolutionnaires, et dont la tête est fanatisée, a été arrêté; l'on a découvert les preuves de cette misérable intrigue, dans laquelle se trouve d'ailleurs un sieur Gregorio renvoyé de Rome, le P. Fontana, religieux, et quelques prêtres obscurs, notamment un sieur Barruel, un sieur Perrault, qui doit être instituteur des enfants de M. de Chalais. Quelqu'un du Chapitre le connaît-il?

« Toutes les voix du Chapitre ont répondu qu'il était inconnu.

« On a ainsi découvert que, dans les diocèses qui ne seraient pas administrés selon la volonté du Pape et par ses affidés, il y aurait des vicaires ou préfets apostoliques institués par lui et remplissant leur mission comme dans le pays des infidèles. Ainsi, dans chacun des diocèses dont les sièges sont ou deviendraient vacants, il y aurait eu une double autorité spirituelle, et celle du délégué du Pape aurait eu pour objet de tout mettre dans le désordre en troublant les consciences, et d'anéantir l'autorité légitime donnée par les Chapitres et avouée par le Gouvernement.

« Un tel état de choses ne saurait se prolonger. Le Pape me prend pour un des rois fainéants ou imbéciles que subjugua Grégoire VII.

« Je veux savoir où j'en suis, et où on entend me conduire, à quel point on veut s'arrêter.

« Puisqu'il existe une discipline ecclésiastique qui peut se concilier avec la dignité du trône et les canons de l'Église, puisque cette doctrine a été solennellement proclamée par un grand roi et par le clergé le plus éclairé de l'Europe en 1682, je me tiens à cette doctrine, rien ne fera m'en écarter.

« Je ne demande pas que le Pape reconnaisse lui-même les quatre articles de 1682; mais je veux qu'il fasse une promesse solennelle de ne rien faire ni autoriser directement ou indirectement dans mon empire qui y soit contraire; je veux qu'il déclare consentir que cette doctrine y soit ouvertement et la seule enseignée.

« Si le Pape fait cette déclaration, qu'il retourne à Rome, qu'il vienne à Paris, qu'il choisisse un autre point de l'Empire : cette liberté lui est donnée par le sénatus-consulte. Si saint Pierre revenait au monde, ce ne serait pas à Rome qu'il irait ; il a quitté Antioche, il a préféré Rome à Jérusalem, parce que Rome était la première des capitales et le séjour des empereurs, comme l'est aujourd'hui Paris.

« Qu'il fasse au surplus ce qu'il voudra avec les puissances étrangères, je ne m'en mêle pas. Il trouvera en Autriche les mêmes principes de liberté ou même de plus étendus; mais chaque puissance fait ce qui paraît mieux lui convenir.

« Quant à l'institution des Évêques, je ne

saurais être plus longtemps humilié par des refus qui affligent la religion elle-même. C'est une affaire spirituelle qui avait ses règles canoniques avant le Concordat par lequel on dit que Léon X consentit à ce que des droits qui ne dépendaient pas du Saint-Siège fussent exercés par les rois, et François 1er consentit à ce que des droits qui ne dépendaient pas de lui fussent exercés par les papes.

« Depuis six ans, a ajouté l'Empereur en souriant, on m'a fait faire mon séminaire, et désormais on ne saurait m'en imposer sur mes droits et mes devoirs. Il n'est point ici et il n'a point été question des dogmes : ils sont la base de la religion nécessaire à l'ordre social; je les respecte : c'est mon culte. Les règles de discipline ecclésiastique peuvent changer, et souvent elles ont changé, sans que les dogmes en souffrissent la moindre atteinte. Ainsi, à l'égard de l'institution canonique, puisque le Pape s'est obstiné à ne pas exécuter le Concordat, je peux et je dois dans les circonstances y renoncer. Quant à la discipline qui doit être rétablie, c'est l'affaire des Évêques : ils seront consultés, ils seront réunis autant que le besoin l'exigera pour parvenir sans aucune commotion à un résultat propre à prévenir les discussions et à rétablir avec le Saint-Siège cet accord si nécessaire à la religion, pour laquelle il faut que je fasse sans cesse des efforts et des sacrifices, afin que ses ministres, qui manquent dans un grand nombre d'églises, puissent se renouveler, et se maintenir dans la considération publique.

« Voilà, messieurs du Chapitre, mes principes, faites-les connaître à vos curés : ils sont tous à l'avantage de la religion, et je ne m'en écarterai jamais. »

IV

La seule inspection des innombrables papiers réunis par le cardinal Fesch sur la période qui suivit cette déclamation impériale donne le vertige. Ils sont là, sous nos yeux, témoignage irréfragable de la terreur qui régna dès lors sur l'Église de France, et de la contagion que cet effroi exerça sur les Églises d'Italie.

Un dossier, spécialement, attire notre attention. Il est intitulé : *Adhésion des Évêques et Chapitre de Toscane à l'adresse du Chapitre de Paris*. Quelques-unes de ces pièces ont été reproduites au *Moniteur* de l'époque. Mais, ce que le journal officiel de l'Empire n'a pas donné, ce sont les corrections, suppressions et modifications, demandées aux signataires, avant de publier leur adhésion aux déclarations gallicanes du chapitre de Paris. L'évêque de Lucques a glissé, dans sa lettre, un paragraphe, où il émet timidement des vœux pour le rétablissement de la concorde entre le sacerdoce et l'Empire, le paragraphe pourrait déplaire au maître qui y verrait peut-être une leçon, il doit être *cancellato* (biffé) et le prélat intimidé le supprime dans une nouvelle copie, « la bonne » cette fois.

Tous exaltent, avec l'emphase italienne, l'*indirizzo del capitolo di Parigi*. Tous s'en réfèrent à l'autorité de Bossuet, cité pourtant à tort dans le fameux *indirizzo*, ainsi que l'avait prouvé M. Émery, en discutant les assertions de cette adresse contre le cardinal Maury. Cependant, disons-le à la décharge des evêques et des chapitres toscans, à la faveur d'un tournant habile qui sent sa souplesse italienne, ils finissent presque tous par invoquer le concile de Trente, et regagnent ainsi une teinte orthodoxe fort compromise par les dithyrambes du début.

Mais nous avons une autre preuve de l'émoi du clergé terrorisé, celle-là tellement apeurée que nous avons hésité un moment à l'extraire des dossiers où elle dort depuis le 28 février 1811. Elle est trop probante cependant, pour qu'elle ne soit point acquise à l'histoire de ce moment si critique de notre histoire religieuse, où la France se retrouve tout à coup, comme en 1682, sur le bord d'un abîme.

La lettre venait d'Orléans. Le cardinal Fesch en reçut copie du Ministre des Cultes, à qui elle était adressée. L'original avait été mis sous les yeux de l'Empereur, le 2 mars.

L'évêque nommé d'Orléans, M. Raillon, écrivait au ministre Bigot de Préameneu :

« Monseigneur, il vient de m'arriver par la poste une brochure portant ce titre : *Lettres de N. S. Père le Pape Pie VII concernant les élections capitulaires*. L'enveloppe a le timbre d'Avignon, et il ne s'y est point trouvé de lettres d'envoi, en sorte que j'ignore par qui cette brochure m'est adressée.

« Quoiqu'il en soit, Monseigneur, j'ai l'honneur de transmettre le tout à Votre Excellence, même sans couper les feuilles de la brochure. Comme ce paquet m'a été apporté de la poste dans le moment que je tenais le Conseil, les vicaires généraux et ceux des chanoines qui le composent, ont vu comme moi le titre de la brochure, parce que j'ai coutume de décacheter les lettres qui m'arrivent devant le Conseil, afin que, s'il s'y trouve quelque affaire pressée, je puisse la mettre à l'instant même en discussion. Au reste, MM. les membres du Conseil n'ont vu comme moi que le titre de la brochure dont il s'agit. »

Et, comme s'il ne s'était pas suffisamment excusé d'avoir eu le périlleux honneur de recevoir cette terrible brochure, le pauvre évêque ajoute un *post-scriptum.*

« Il n'y a pas une heure que ce paquet m'est arrivé. »

Décidément, des prélats aussi tremblants ne sont point de la race des vaillants qui peuvent sauver Israël. Napoléon s'en rendit compte, et c'est à ce moment qu'il ordonna la seconde réunion du Conseil Ecclésiastique, déjà racontée plus haut, et qui devait être, dans sa pensée, la vrai préface du Concile.

II

LA CONVOCATION DU CONCILE

I

Le 25 avril 1811, l'Empereur dictait à Saint-Cloud le décret de convocation au Concile. Véritable ukase dictatorial, il y parlait en maître absolu de l'Eglise, seul chargé des intérêts sacrés qu'il prétendait assurer, sans aucune mention de l'autorité du Vicaire de Jésus-Christ, et ce qui blessa vivement les membres du Conseil Ecclésiastique, quand le Ministre des Cultes leur en communiqua la minute chez lui par ordre du maître, sans aucune allusion aux avis de ce Conseil.

Les mémoires contemporains n'ont pas

donné le texte de ce décret. Nous l'empruntons à la copie que M. Bigot de Préameneu fut autorisé à laisser entre les mains du cardinal Fesch.

« Napoléon, etc. — Animé du désir de rétablir l'ordre et la paix dans les Eglises catholiques situées dans notre empire, dans notre Royaume d'Italie et dans les Etats de la Confédération du Rhin, au moyen d'une discipline conforme aux saints canons, et les circonstances actuelles exigeant que plusieurs points de cette discipline soient constatés et généralement reconnus, nous avons cru ne pouvoir prendre une voie plus assurée pour atteindre ce but que la convocation d'un Concile auquel seront appelés tous les archevêques et évêques desdites Eglises. En conséquence, nous avons décrété et décrétons ce qui suit :

« ARTICLE PREMIER. — Tous les Archevêques et Evêques des Eglises de notre Empire, de notre Royaume d'Italie et des Etats de la Confédération du Rhin seront convoqués dans notre bonne ville de Paris pour le..... (1).

« ART. 2. — Les objets que le Gouverne-

---

1. On va voir pourquoi la date demeurait en blanc sur la copie.

ment proposera aux délibérations de l'assemblée lui seront présentés par des commissaires que nous nommerons à cet effet.

« ART. 3. — Les résolutions de cette assemblée ne pourront être mises à exécution que de notre consentement.

« ART. 4. — Notre présent décret sera par notre Ministre des Cultes adressé à tous les Archevêques et Évêques des Églises de notre Empire, pour servir à chacun d'eux de lettre de convocation.

« ART. 5. — Le même décret sera par notre Ministre des relations extérieures de l'Empire adressé au Ministre des relations extérieures de notre Royaume d'Italie et aux Ministres ou autres agents diplomatiques des Rois et Princes de la Confédération du Rhin, afin que les Archevêques et Évêques desdits Etats reçoivent l'ordre de se rendre à ladite assemblée.

« ART. 6. — Il sera par nous pourvu aux frais de route et de séjour pour tous les membres de l'assemblée sur les états qui nous seront présentés par Notre Ministre des Cultes..... »

Il ne resterait plus, on le voit, qu'à ajouter au protocole, dans l'énumération des titres de l'Empereur et Roi, comme autrefois aux inti-

tulés des actes de l'Empire Romain, celui d
« pontife suprême ».

Tout cela d'ailleurs était soigneusemen
calculé.

Napoléon voulait effrayer le Pape, tou
comme il avait terrifié le clergé de son Empire
en lui présentant cette convocation schismatique comme un fait accompli. Il avait tro
d'esprit pour croire qu'il pourrait jamais s
passer du Chef de l'Eglise, mais, il ne lu
déplaisait pas de laisser penser qu'il s'e
passerait fort bien. C'était, à son avis, l
meilleur moyen de réduire Pie VII à devenir
entre ses mains, un instrument docile.

Sous l'impression de ce dessein, il décid
d'employer une nouvelle tactique, demeuré
très secrète au moment où elle s'accomplit e
dont nous avons retrouvé le plan comple
d'exécution, tel qu'il résulte des correspondan
ces secrètes adressées au cardinal Fesch, entr
les mains de qui se centralisaient tous les fil
de l'une des manœuvres les plus périlleuse
avec lesquelles le Saint-Siège se soit trouv
aux prises depuis le commencement d
l'Eglise.

II

Dans les premiers jours de mai, le cardinal Fesch reçut de Mgr de Barral, archevêque de Tours, une lettre, datée de Turin, le 6 mai 1811 :

« Nous voici tous trois à Turin, à l'archevêché. M. l'Archevêque n'a pas reçu la lettre des Évêques que Votre Altesse Eminentissime nous avait fait espérer qu'Elle lui adresserait pour nous la remettre, et nous présumons qu'Elle l'aura envoyée directement au préfet de Savone. Ce serait un grand malheur, si nous étions privés de cette pièce importante. Nous avons tous trois fort bien soutenu le voyage, les Évêques de Trêves, de Nantes et moi, et nous sommes, avec le plus grand respect et dévouement, de Votre Altesse Eminentissime, etc. »

On verra plus tard ce qu'était la lettre réclamée par l'Archevêque de Tours avec tant d'impatience, et par ses deux collègues, Mgr Duvoisin, Évêque de Nantes, et Mgr Marnay, Évêque de Trèves, lesquels reçurent plus tard l'ordre de s'adjoindre le patriarche nommé de Venise.

Enfin, la lettre collective tant désirée arriva. Elle attendait, avec bien d'autres lettres individuelles, les délégués de l'Empereur, à Savone, d'où le chef de la délégation en accuse réception reconnaissante au cardinal Fesch, en date du 12 mai 1811.

« J'ai reçu en même temps les deux lettres que Votre Altesse Éminentissime m'a fait l'honneur de m'adresser ici, en date du 2 de ce mois. Dès la première audience, nous avons présenté au Pape la lettre commune signée par douze Évêques, qui était pour nous comme une lettre de créance, en priant le Saint-Père de la lire sur-le-champ. En même temps, nous avons déposé sur la table les dix-sept lettres individuelles des Cardinaux et des Évêques qui sont à Paris. Le défaut de temps ne nous a permis que d'en parcourir à la hâte quelques-unes, d'autant que le post-scriptum de la lettre de Votre Altesse Éminentissime nous apprenait que Sa Majesté les avait toutes lues et que son intention était qu'elles fussent remises au Pape sans aucun retard. Mais nous avions commencé par lire et méditer plus à loisir celle de

Votre Altesse Éminentissime. Elle exprime en effet avec force et clarté tout ce que nous sommes chargés de dire, et c'est un bonheur pour le succès de notre mission que d'en faire le commentaire à Sa Sainteté.

« Ce succès est encore douteux, et nous sommes loin, soit d'en présumer, soit d'en désespérer, comme Votre Altesse Éminentissime pourrait le voir, si Elle a communication de nos deux lettres au Ministre des Cultes, du 10, et d'aujourd'hui 12, lettres que nous lui avons adressées conformément à nos instructions (1) ».

La lettre collective, nos lecteurs la trouveront plus loin, en son lieu. Mais, ici, quelque douleur qu'ils en éprouveront avec nous, il nous faut bien donner à nos lecteurs connaissance des lettres individuelles « que Sa Majesté avait toutes lues » et qui, « selon ses intentions, devaient être remises au Pape sans aucun retard ». Cette lecture si attristante nous donnera l'idée de la terrible épreuve par laquelle dut passer à ce moment le Souverain

---

1. Ces lettres au Ministre des Cultes ont été publiées par M. d'Haussonville. Celles que nous donnons, adressées par l'archevêque de Tours au cardinal Fesch, sont inédites.

Pontife, captif, séquestré, sans les conseillers de son choix, et livré aux obsessions de prélats aussi dévoués à César (1).

III

C'est d'abord l'Archevêque de Toulouse, Mgr Primat — un ancien constitutionnel il est vrai, — qui vient récompenser l'indulgence de Pie VII à l'admettre dans les rangs de l'épiscopat régulier, en lui écrivant :

« Votre Sainteté, en refusant de remplir une des conditions du Concordat, laisse en souffrance les Églises les plus illustres et les plus populeuses de l'empire, ce refus persévérant prolonge le malheur d'une viduité si préjudiciable au bien de la religion.

« Touché des plaintes et des gémissements des fidèles, Sa Majesté l'Empereur a pourvu, par les moyens de droit, au besoin des Églises

1. On ne les connaît jusqu'ici que par de courtes analyses. Quelques-unes mêmes de celles que nous citerons de préférence sont complètement inédites.

veuves ou abandonnées, et, après avoir employé la voie des négociations (1), il a résolu de réunir les Évêques de France et d'Italie en Concile National.

« Dans cette sainte assemblée, Très Saint-Père, on reproduira les mêmes questions qui furent agitées plusieurs fois dans de semblables conjonctures, notamment en Portugal et en France, sous la minorité de Louis XV, à l'occasion du refus que le pape Clément XI fit pendant plusieurs années d'accorder des bulles aux Evêques nommés par le roi... »

Suit l'énumération des questions posées dans cette assemblée « aux plus habiles théologiens, aux plus célèbres canonistes et à la Sorbonne », qui se reproduiront, d'après l'Archevêque-Sénateur, au concile de Paris, ce qui l'amène à faire entendre des menaces plus accentuées.

« Ces diverses demandes amèneront, Très Saint-Père, d'autres questions relatives au différend qui existe entre Votre Sainteté et notre gouvernement. On demandera si des

---

1. Dans son zèle à seconder les vues de Napoléon, l'auteur de la lettre en avait composé une autre, dont nous avons retrouvé la minute, et où il ajoutait ici : *En sa qualité de protecteur de l'Église et d'évêque extérieur !*

affaires purement temporelles peuvent donner un prétexte au Souverain Pontife de refuser l'institution canonique à des sujets nommés par l'Empereur. Ces deux affaires ne sont-elles pas indépendantes l'une de l'autre? Personne n'ignore en France ce qui fut répondu à ces questions : elles furent résolues à l'unanimité, par la seule force des principes appuyés sur la doctrine de Jésus-Christ et la tradition constante de l'Eglise gallicane. Il était urgent, Très Saint-Père, de prévenir un état de choses si contraire au bien de la religion et aux intérêts de l'Etat; et c'est dans cette unique vue que S. M. l'Empereur a convoqué une assemblée des Évêques de France et d'Italie. Cette conduite est conforme aux saints canons, elle nous est une nouvelle preuve, une preuve bien touchante, de son amour pour ses sujets et de son attachement à l'Eglise catholique. Plût à Dieu, Très Saint-Père, que vous puissiez voir, comme nous, tout ce que notre auguste souverain a fait pour la religion et ses ministres, et jusqu'où s'étend sa sollicitude paternelle!... »

Suit une longue énumération des secours accordés par l'Etat à l'Eglise de France. Le Pape manquerait donc aux devoirs de la reconnaissance. Bien plus, il serait cause de l'affaiblissement de la foi en France, s'il s'obstinait dans ses refus d'institution canonique. Qu'il prenne garde, d'ailleurs, ce droit d'institution, le Concile de Paris pourrait bien l'en déposséder !

« Conservez la prérogative exercée jusqu'à ce jour par le Saint-Siège ; exercez, dans toute leur étendue, les droits que la suprême dignité de l'Eglise et vos éminentes vertus vous donnent sur l'Eglise gallicane... »

L'Evêque de Casal, Mgr. Jean-Chrysostome Villaret, haut fonctionnaire de l'Université impériale, joint ses efforts à ceux de son collègue de Toulouse. Il a été frappé récemment d'une attaque d'apoplexie. Aussi s'excuse-t-il auprès du cardinal Fesch, sur sa lettre d'envoi, de n'avoir « pu soigner davantage » cette lettre qu'il adresse au Pape, avec plus de formes cependant que l'archevêque de Toulouse.

« Comment, s'écrie-t-il, comment le Vicaire de Jésus-Christ, auquel est confiée la sollicitude de toutes les Eglises, pourrait-il apprendre, sans éprouver la plus vive affliction, que, dans tous les diocèses dénués de premiers pasteurs, la discipline ecclésiastique... la corruption des mœurs... l'esprit d'irréligion... »

Un autre Evêque, celui-là doué de qualités

et précédé d'une réputation qui devait faire impression sur l'esprit affaibli du malheureux pontife captif, Mgr de Boulogne, évêque de Troyes, écrit, de son côté, une lettre qui est une véritable dissertation. Nous allons la relire et terminer par elle cette triste revue. Elle résume en effet et elle révèle le sens, sinon les expressions de toutes les autres.

« Très Saint-Père. — Après avoir signé la lettre que se sont chargés de remettre à Votre Sainteté les trois prélats députés des Evêques actuellement à Paris, permettez-moi de mettre à vos pieds les réflexions particulières que m'inspirèrent mon zèle pour sa gloire, mon respect pour ses vertus comme pour ses malheurs, et mon profond dévouement pour sa personne sacrée.

« J'ai le bonheur de n'être pas entièrement inconnu de Votre Sainteté qui a eu, dans le temps, la bonté d'accueillir mes faibles écrits. Mes sentiments ne sauraient donc lui être suspects, et sans doute qu'elle croira aussi facilement à la droiture de mes intentions qu'Elle m'a paru satisfaite de la pureté de mes principes.

« Il y a déjà plus d'une année que vingt-trois Evêques réunis à Paris eurent l'honneur d'écrire à Votre Sainteté pour la conjurer de prolonger son indult relatif aux dispenses et de mettre fin à la viduité de nos Eglises. Elle ne jugea pas à propos d'accéder à nos vives instances. Mais, depuis cette époque, l'état des choses a empiré d'une manière véritablement alarmante. De tristes événements et des circonstances fâcheuses sont survenues, et comme le mal est aujourd'hui infiniment plus grand, le remède devient plus que jamais urgent et nécessaire.

« C'est pour obvier à ce mal et chercher ce remède que le Concile national des Églises de France et d'Italie vient d'être convoqué. Sans doute que cette assemblée imposante n'oubliera jamais ce qu'elle doit à Votre Sainteté, et que jamais elle ne sortira des bornes de cette subordination et de cette révérence filiale qui sont posées par la doctrine catholique. Mais, en rendant à Votre Sainteté tout ce qu'exigent ses hautes prérogatives et la majesté de son siège, Elle n'oubliera pas non plus ce qu'Elle se doit à Elle-même; ce qu'Elle doit à l'Etat dont la tranquillité peut être compromise par ces divisions religieuses, source trop ordinaire des dissensions civiles; ce qu'Elle doit à tant de vastes diocèses qui, déjà

désolés par cette disette effrayante de ministres inférieurs, verraient encore aggraver leurs
maux par la privation de leurs premiers pasteurs; enfin, ce qu'Elle doit à l'Église gallicane
qui ne peut voir qu'avec douleur ces admi-
nistrations capitulaires, qui, quoique légitimes pour un temps court et limité, n'en four-
niraient pas moins par leur excessive
prolongation un état violent et forcé, non
moins incompatible avec le bien des peuples
qu'avec l'honneur de l'Episcopat.

« Telles sont, n'en doutez pas, Très Saint-
Père, les dispositions générales des Évêques
de France, et ceux qui donneraient, à cet égard,
des idées différentes à Votre Sainteté, la trom-
peraient cruellement. Tous sans doute désirent
vivement qu'il ne soit porté aucune atteinte à
ce beau privilège dont jouit Votre Sainteté, de
donner des Évêques à l'Église universelle, et
leur vœu le plus sincère est qu'il soit conservé intact entre vos mains; mais tous pensent aussi que, si un Concile National n'a pas
assez d'autorité pour statuer définitivement, et
sans aucune cause, sur ce retour à l'ancienne
discipline qui a précédé le concordat de
Léon X, il pourrait le faire provisoirement, et
pour de grands motifs, en attendant le juge-

ment suprême de l'Eglise universelle. Tous pensent que la même nécessité qui a autorisé Votre Sainteté à sauver l'Eglise de France par le dernier concordat, le plus grand acte de puissance qu'ait jamais fait un pontife romain, peut également autoriser le Concile à l'empêcher de se perdre de nouveau, en pourvoyant lui-même à l'institution des Évêques qui serait plus longtemps refusée par Votre Sainteté, et que, comme le salut du peuple est la première loi dans l'Etat, le salut des fidèles est la première loi dans l'Eglise. »

Il était, on en conviendra, difficile d'imaginer un langage plus vif et d'émettre des principes d'un gallicanisme tellement outré, cette fois, qu'on ne voit plus en quoi il se différencie du fébronianisme émis au synode de Pistoia et solennellement condamné par le Saint-Siège. L'évêque de Troyes s'est trop avancé pour ne pas tirer les conséquences de ses principes; il le fait avec une logique menaçante.

« D'où il résulte, Très Saint-Père, dit-il, que si, ce qu'à Dieu ne plaise, les circonstances devenaient si graves et la résistance de Votre Sainteté si persévérante, que les Évêques de France fussent forcés de revenir à leur ancienne discipline, *Votre Sainteté devrait craindre de perdre enfin pour toujours une des plus belles concessions (!) que l'Eglise ait pu faire au siège apostolique* et un des plus forts liens qui unit votre Chaire unique à toutes les Eglises particulières.

« Votre Sainteté voudrait-elle retarder la pacification de l'Eglise, parce qu'il s'agit de lui demander la réciprocité des trois mois pour l'institution comme pour la nomination, de sorte que, si Elle passe plus de trois mois pour donner des bulles, Elle serait forcée de rendre raison de son refus, et de se soumettre à l'examen d'un conseil provincial? Mais, outre que ce sacrifice est encore commandé par la force des circonstances, outre que cette clause est exigée, comme un moyen de prévenir certains refus où il y aurait plus de politique que de justice, comme l'histoire ne nous en donne que trop d'exemples, elle ne m'a paru contraire ni à l'esprit du concordat ni aux intérêts mêmes de Votre Sainteté, puisque dans tous les cas l'institution canonique lui est radicalement conférée, et qu'en dernière analyse ce serait toujours par la concession du Saint-Siège que, dans cette supposition, l'institution des Évêques serait donnée.

« Votre Sainteté serait-elle encore arrêtée

par la promesse qu'on exige d'Elle de ne rien faire ni rien enseigner contre nos libertés? J'avouerai ici, avec cette franchise qu'il convient si bien d'employer envers un pontife aussi droit et aussi ami de la vérité, que cette condition m'a paru au premier aspect dure et fâcheuse à Votre Sainteté, mais, après y avoir réfléchi, je n'ai pu m'empêcher de voir dans ce nouveau sacrifice un moyen de plus de resserrer les liens qui unissent l'Eglise gallicane à l'Église romaine. J'ai ensuite considéré que ne rien faire contre nos libertés, ce n'est pas les approuver, et que ne pas les combattre, ce n'est pas les enseigner. J'ai vu même que ces célèbres quatre articles sont si peu contraires à la pureté de la foi, qu'aucun de vos prédécesseurs n'a pris sur lui de les condamner. Enfin, je suis resté convaincu que, loin de porter atteinte à votre véritable autorité, ils en sont un des plus fermes appuis, puisqu'ils ne donnent en dernier résultat d'autre supérieur au pontife de Rome que toute l'Église catholique, et que d'ailleurs un pouvoir ne se soutient jamais plus que par les bornes qu'il se donne à lui-même. »

Toutes ces considérations, nous allions dire, ces sophismes, supposent une méconnaissance absolue du dogme de la constitution même de l'Église. L'auteur de la lettre semble croire que le Pape aurait le droit de renoncer aux devoirs stricts de sa charge et d'aliéner les droits que lui a conférés Celui dont il est le vicaire. Quand on pense que la presque unanimité du clergé français partageait à cette époque la doctrine de M. de Boulogne, on ne peut assez bénir Dieu d'avoir donné à son Église la grâce de la définition dogmatique du concile du Vatican, qui a fixé enfin notre croyance et anathématisé ces tristes errements.

La lettre de l'Évêque de Troyes fut évidemment l'une des plus graves parmi celles qui accréditaient les trois délégués de Savone auprès du Pape captif. C'est pourquoi nous en poursuivons la reproduction intégrale.

« Que dirai-je encore à Votre Sainteté ? Se méfierait-elle des vues ultérieures de notre auguste Empereur, et craindrait-elle que, par une contradiction inexplicable, il eût des desseins hostiles contre cette religion même dont il a relevé les autels ? Mais, outre qu'il est trop éclairé pour ne pas sentir qu'il agirait contre son intérêt, contre sa propre gloire ; outre qu'il sait bien mieux qu'un autre qu'il manquerait aux premiers principes d'une saine politique, s'il ne protégeait pas une religion qui est le boulevard de son empire, et le plus ferme appui de sa couronne et de sa dynastie, n'avons-nous pas, pour motifs de notre confiance à cet égard, ce qu'il fait chaque jour pour le maintien de la religion et l'existence de ses ministres? Et, sans entrer ici dans des détails qui ne peuvent être ignorés de Sa Sainteté, n'avons-nous pas encore, pour garants de ses dispositions favorables, la restauration de plusieurs congrégations religieuses, l'exemption de la conscription militaire pour les jeunes gens qui se destinent à l'état ecclésiastique ; son projet bien manifesté de faire ériger de nouveaux Evêchés catholiques en Hollande, à Brême, à Hambourg, et le soin qu'il prend pour rétablir l'exercice du culte romain dans les pays protestants : avantage inappréciable qui compense, en quelque sorte, les pertes qu'il a faites sous tant d'autres rapports, puisque, s'il ne domine plus dans certains pays, il n'est plus opprimé dans d'autres.

« Et d'ailleurs, Très Saint-Père, quand nous serions forcés d'admettre cette triste supposition que l'Empereur Napoléon n'est nullement dans des dispositions favorables à la religion de son empire et de ses pères, ce serait, ce nous semble, une raison de plus de mettre fin à un refus qui ne peut que blesser sa dignité et aigrir sa toute-puissance. Ce ne serait pas moins le cas d'épuiser tous les ménagements qu'on doit à l'invicible souverain qui a dans sa main toute la catholicité européenne, et duquel dépend le sort de la plus grande partie de l'Église chrétienne. »

Après ces conseils de soumission aux vues du puissant Empereur, il ne manquait plus qu'à accuser le Pape de servir les intérêts des ennemis de l'Eglise, M. de Boulogne ne recule pas devant ce dernier argument.

« Mais, dit-il, une considération qui est bien faite pour frapper le bon esprit de Votre Sainteté, c'est qu'en résistant ainsi, Elle sert les ennemis de la Religion au delà même de leurs espérances ; c'est que les impies triomphent de son courage même et qu'Elle fait, sans le vouloir, précisément ce qu'ils désirent. Car, leur vœu le plus ardent est que Votre Sainteté se refuse à nos supplications et à nos instances, afin d'avoir là un prétexte de plus d'obscurcir ses vertus, de lui supposer des motifs intéressés que sa piété repousse et de s'en prévaloir pour parvenir plus aisément à leur fin, celle de détruire les Évêques par leur chef, et de briser l'Eglise par l'Eglise même.

« Mais non, Votre Sainteté ne leur donnera pas ce triste avantage et ils ne la verront pas troubler cette heureuse harmonie entre le père et les enfants, qui fait toute notre force, ainsi que toute notre gloire. Elle fera mentir l'iniquité qui se plaît à répandre que des calculs humains influent sur sa résistance ; et Elle prouvera à l'univers chrétien que la perte de la temporalité, quelque utile qu'elle fût et quelque regrettable qu'elle puisse être encore, n'est point pour Elle une raison de priver le peuple des secours spirituels attachés à l'épiscopat ; et que, dans un cœur aussi grand et aussi magnanime que le vôtre, les intérêts de la terre n'ont jamais balancé un instant les intérêts du ciel. »

Après cette objurgation, l'évêque de Troyes se résume dans une péroraison suppliante, où néanmoins le ton de la prière ne dissimule pas la leçon qu'il a accepté de donner à celui dont il se proclame cependant « le très humble, très obéissant et très dévoué serviteur et fils ».

« Je finis, Très Saint-Père, en conjurant Votre Sainteté, au nom de son amour pour l'Eglise, au nom de ses hautes vertus dignes

des temps apostoliques, d'écouter favorable-
ment les députés qui lui parleront en notre
nom, et de prévenir, par la concession de ses
bulles, les maux incalculables qui résulteraient
inévitablement d'une plus longue résistance. »

IV

En voilà assez pour faire entendre de quelle
pression était armée l'ambassade de Savone
sur l'esprit d'un pontife systématiquement
isolé de son conseil, de ses théologiens, de son
confesseur même, enfermé sous l'œil d'un
geôlier, sans plume ni papier, livré à ses seules
réflexions et à ses prières. Or, dit le cardinal
Pacca dans ses mémoires, « son premier coup
d'œil dans les affaires, sa pensée première,
annonçaient un discernement admirable, un
bon sens exquis ; mais, si quelqu'un de ses ministres ou quelque autre personnage de poids venait à combattre son opinion tête à tête et l'ob-
sédait d'instances, cet excellent pontife aban-
donnait son sentiment pour suivre celui d'au-

trui, qui souvent n'était pas le meilleur. Ses ennemis attribuaient cette facilité à une grande faiblesse d'esprit et à un amour excessif du repos. D'autres personnes plus justes la regardaient comme l'effet de sa singulière modestie et d'une trop grande défiance de ses propres lumières. »

M. d'Haussonville croit avoir démêlé, dans la correspondance spéciale du préfet de Savone, M. de Chabrol, que, sous l'influence de la captivité et de l'isolement, Pie VII aurait été atteint à ce moment d'un tel affaiblissement cérébral, que le noble historien n'a pas craint de prononcer le mot d'aliénation mentale.

Quoi qu'il en soit, les délégués étaient de retour à Paris à la fin de mai 1811, et s'empressaient de porter au cardinal Fesch le résultat définitif de leur négociation. L'archevêque de Tours en effet écrivait à Son Eminence, le vendredi 31 mai, dans la matinée :

« Nous arrivâmes hier soir assez tard, ce qui ne nous permit pas de nous présenter chez Votre Altesse Eminentissime. Nous la prions de nous recevoir aujourd'hui vers les midi ou midi et demi. Je joins ici une lettre de Sa Sainteté pour Votre Altesse, et je la prie d'agréer, etc. »

Quel fut le récit que Mgr de Barral fit au cardinal Fesch dans cette entrevue, les contemporains l'ignorèrent profondément et le secret fut gardé hermétiquement, sous les peines les plus graves, jusqu'à ce que, après en avoir écrit et pesé tous les termes, l'archevêque de Tours en fit l'objet d'une communication officielle à l'Episcopat, avide de connaître toute cette lamentable histoire et le résultat inouï que les délégués révélèrent à leurs collègues.

Ce récit, emprunté intégralement sur la copie définitive, trouvera naturellement sa place au jour où il fut fait en assemblée conciliaire.

III

PRÉLIMINAIRES DU CONCILE

I

Un incident venait de se produire, enseveli dans le plus profond secret dans le cabinet de l'Empereur, qui changeait du tout au tout la situation, telle que les délégués de Savone croyaient l'avoir établie par leur négociation et le résultat écrit qu'ils en avaient rapporté. Cet incident, que nous raconterons en son lieu, jeta Napoléon dans la plus grande perplexité. Un moment même, paraît-il, il songea à renvoyer les évêques chez eux et longtemps il hésita à fixer la date d'ouverture de « son concile ». Il finit par se décider pour le 17 juin.

Les évêques cependant arrivaient de toute part. Il en vint quatre-vingt quinze, plus neuf évêques nommés. On commença par tenir des réunions antéconciliaires préparatoires. Les réunions se tinrent chez le cardinal Fesch, en son hôtel de la rue du Mont-Blanc.

M. d'Haussonville raconte que les prélats réunis chez le cardinal voulurent le nommer président du Concile, et que l'oncle de l'Empereur se refusa de devoir ce titre à l'élection, prétendant le tenir de la primatie de son siège, et cela « avec une âpreté à laquelle personne ne comprit jamais rien ».

La vérité est que Mgr Fesch s'appuyait d'une savante *annotatio historica*, rédigée par un fort habile canoniste, et que nous avons sous les yeux. C'est un travail inédit que, le cas échéant, on ferait bien de tirer des archives de l'archevêché de Lyon. La conclusion du docte dissertateur est à retenir :

« Si ce droit de présidence pour l'Eglise de Lyon dans les assemblées gallicanes tire son origine du concile de Mâcon et autres conciles, ou des origines mêmes de cette Eglise au lendemain de la paix constantinienne (1), c'est ce

---

1. *Hoc præsidendi jus Lugdunensi in Galliarum comitiis, vel ortum ducat a concilio Matisconensi cit. aliisque conciliis*

que je ne dirai pas facilement ». Du moins, la conclusion est absolue en faveur du premier siège des Gaules.

Le *Cérémonial du Concile*, imprimé par ordre du Concile, après les discussions que nous allons dire, donna raison aux revendications du canoniste de Son Eminence.

« La présidence du concile, dit-il, appartiendra au cardinal archevêque, titulaire de l'Eglise la plus ancienne et la plus qualifiée. »

Un décret de l'Empereur vint du reste trancher la contestation.

Le 19 juin, deux jours après l'ouverture de l'assemblée, Napoléon édictait du palais de Saint-Cloud :

« ARTICLE. PREMIER. — Sur la présentation et la demande du Concile National, convoqué à Paris par notre circulaire du 25 avril, nous agréons notre cousin, le cardinal Fesch, notre grand aumônier, pour président du concile.

« ART. 2. — Le président, trois Évêques nommés par le concile et nos deux Ministres du Culte de l'empire et du royaume d'Italie, formeront le bureau chargé de la police de l'assemblée.

---

vel ab ejusdem Ecclesiæ incunabulis post pacem constantinianam Ecclesiæ catholicæ datam non facile dixerim.

« ART. 3. — Les communications qu'il serait nécessaire que nous eussions avec le Concile se feront par l'intermédiaire de ce bureau. »

La question du sceau occupa aussi les délibérations de l'hôtel du Mont-Blanc.

Dans un travail très curieux, rempli d'aperçus historiques du plus haut intérêt et qui n'a jamais été publié, M. de Pradt, l'archevêque de Malines (1), avait dit :

« Le clergé de France faisait apposer le sceau de ses armes à tous ses actes. Il consistait dans une croix tréflée, ayant une fleur de lys au dessus de chaque bras, et au pied de la croix. L'écusson était surmonté du chapeau épiscopal avec cinq rangées de glands ; la crosse et la mitre étaient placées au-dessus de l'écusson. — Le Concile devant avoir un sceau, et les fleurs de lys ne pouvant plus être employées, on propose que le sceau du Concile porte seulement une croix tréflée et rayonnante, sur un champ d'abeilles, avec les attributs de l'épiscopat et l'inscription : *Concilium nationale Parisiis, anno* 1811. » Ce projet fut

---

1. *Cérémonial du concile.*— Travail présenté par Mgr l'archevêque de Malines aux corrections des évêques. (Archives du cardinal Fesch. — Fonds du concile national.)

adopté et le *Cérémonial imprimé par ordre du concile* reproduit à cet égard, purement et simplement, le libellé de M. de Pradt. Mais là encore, comme pour la question de la présidence, le maître, dédaignant les délibérations antéconciliaires, rendit un décret qui blasonnait le concile à son gré :

« Nos chers et amés les cardinaux, arche-
« vêques et évêques de notre empire, nous
« ayant fait exposer, par Notre Ministre des
« Cultes, que les actes émanés des assemblées
« du clergé de France ont toujours été revêtus
« d'un sceau particulier, et Nous ayant par
« cette raison supplié de leur accorder des
« armoiries destinées à cet usage, Nous avons
« bien voulu prendre leur demande en consi-
« dération. En conséquence, sur la présenta-
« tion qui Nous a été faite par notre cousin, le
« prince archi-chancelier de l'empire, de
« l'avis de Notre conseil du sceau des rites et
« des conclusions de Notre procureur général,
« voulant donner aux exposants un nouveau
« témoignage de Notre bienveillance et de
« Notre protection spéciale, Nous avons, par
« ces présentes, signé de Notre main, conféré
« et conférons aux cardinaux, archevêques et
« évêques, composant le conseil national de

« Paris, le droit d'apposer aux actes émanés
« de leur assemblée un sceau particulier con-
« forme aux armoiries spécifiées et coloriées
« aux présentes, et qui sont : *de gueules,*
« *semé d'abeilles d'argent à la croix tréflée,*
« *cantonnée au premier, deuxième et troisième*
« *d'un aigle éployé, le tout d'or, et au qua-*
« *trième, de la couronne de fer aussi d'or;*
« l'écusson surmonté et supporté des attri-
« buts épiscopaux, et pour légende du sceau :
« *Concilium nationale Parisiis, anno* 1811. —
« Chargeons notre cousin le prince-chance-
« lier de donner communication des présentes
« au Sénat, de les transcrire sur ses registres
« et d'y faire apposer notre grand sceau, en
« présence du conseil du sceau des titres; car
« tel est Notre bon plaisir. »

Ce décret de « bon plaisir » était daté, comme l'autre, du 27 juin, au palais de Saint-Cloud.

S'ils avaient conservé quelque illusion sur leur indépendance, ces actes autoritaires devaient convaincre les Pères du Concile que leur assemblée, réunie pour la conservation des libertés gallicanes, ne ferait qu'accentuer l'affirmation des servitudes de notre Église à l'endroit du pouvoir civil.

II

L'histoire des délibérations à l'hôtel du Mont-Blanc serait curieuse à écrire, si nous ne craignions d'entraîner le lecteur dans des dédales infinis, à travers tous les projets apportés chez le cardinal Fesch par les prélats que préoccupe l'approche d'une assemblée d'où personne ne prévoit ce qui va définitivement sortir. Un projet de Mgr Charles Brault, évêque de Bayeux, attire particulièrement l'attention des délibérants, c'est le projet de règlement sur la manière de discuter et décider les questions qui seront soumises à la décision du concile. Nous y reviendrons en son temps. Mais, ce que nous ne voulons pas retarder, c'est la liste des ouvrages signalés à l'étude des futurs délibérants, comme devant guider les discussions. Le choix des livres est significatif (1). Nous y trouvons la note dominante à

---

1. Un malin, cependant, s'est avisé d'envoyer au comité une liste d'ouvrages plus orthodoxes. Le cardinal Fesch

une époque où tout le clergé français était imbu des opinions gallicanes.

Faute de s'en rendre compte, on s'exposerait à juger, autrement que ne le veut la justice historique, les dispositions d'esprit, le langage et les étranges prétentions des membres de ce concile, même les plus vertueux et les moins suspects de courtisanerie (1).

Le lecteur voudra bien nous pardonner cette digression apparente ; elle est en réalité tirée des entrailles mêmes de notre sujet, et fixer une bonne fois le point de vue exact de la situation des esprits à ce moment si critique de notre histoire religieuse, c'est l'éclairer de sa vraie lumière.

Depuis près de deux siècles, le gallicanisme parlementaire épuisait les forces et paralysait l'action de l'Eglise de France. Il l'empêchait de

---

l'a conservée religieusement. On y renvoie aux livres et aux collections ultramontaines, avec cet en-tête significatif : *Lisez*.

1. Napoléon, interrogeant l'abbé Gallois, grand-vicaire de l'évêque de Séez, Mgr de Bois-Chollet, qu'il venait de frapper rigoureusement pour son attachement au Saint-Siège, lui posait la question : « Êtes-vous bon gallican ? » Et le grand-vicaire breton de répondre, avec un élan qu'on sent partir du cœur : « Oui, Sire, et peut-être un des plus prononcés de votre empire. »

participer avec plénitude à cette universelle circulation de la vie religieuse qui, dans la société catholique, va du centre aux plus lointaines extrémités, et forme de toute l'Eglise un seul corps. Depuis quelque temps, certains théologiens et certains jurisconsultes, en France, semblaient appliqués à résoudre ce problème : Comment une Eglise particulière peut-elle se soustraire en réalité à la juridiction du Pape, en conservant toutes les apparences de la soumission? Comment peut-elle se rapprocher de plus en plus du schisme sans y arriver jamais? Assurément le gallicanisme des parlements différait beaucoup, en pratique, de celui de Bossuet et des signataires de la déclaration de 1682, mais ils s'appuyaient l'un et l'autre sur les mêmes principes et ne se distinguaient que par la différence des conséquences qu'ils en tiraient.

On peut réduire à deux maximes fondamentales toute la théorie des libertés de l'Église gallicane : libertés à l'égard du pouvoir spirituel, dont elles diminuaient l'autorité; servitudes à l'égard du pouvoir temporel, dont elles favorisaient le despotisme :

1° L'Eglise assemblée en concile général, ou même s'exprimant par la voix unanime des

Evêques dispersés, est supérieure au Pape, attendu qu'elle seule est infaillible, tandis que le Pape ne l'est point, même lorsqu'il parle comme Vicaire de Jésus-Christ, chargé de paître les brebis aussi bien que les agneaux du bon pasteur.

2° Le Souverain Pontife n'a aucune puissance, ni directe ni indirecte, sur les souverains et les représentants de leur autorité, quand il s'agit de choses temporelles. Les gouvernements civils n'ont aucun compte à rendre au gouvernement ecclésiastique de la manière dont ils règlent tout ce qui se rapporte aux biens et aux personnes de leurs sujets.

Ces deux maximes se prêtaient à de telles interprétations, qu'elles pouvaient suffire pour détacher du gouvernement de l'Eglise universelle le gouvernement de l'Eglise de France, qui était exposée au danger de devenir une Eglise nationale. On serait en effet arrivé jusqu'aux dernières conséquences logiques des faux principes qu'on proclamait comme la base de l'organisation particulière de l'Eglise gallicane, sans ce fonds de bon sens qui est inhérent à l'esprit français.

La première maxime rendait impossible l'exercice du pouvoir spirituel du Souverain

Pontife, et obligeait les Eglises particulières à se suffire elles-mêmes. Rien n'était plus difficile à rassembler qu'un concile général. Les évêques étaient considérés, avant tout, comme sujets du roi. Ils ne pouvaient sortir du royaume, pour répondre à l'appel du Pape, qu'avec la permission du roi. Quand ils ne l'obtenaient pas, ils se croyaient obligés, en vertu des maximes gallicanes, d'obéir, non pas au Pape, mais au Roi. Les définitions d'un concile étant seules infaillibles, à quoi serviront les définitions du Souverain Pontife? Pour anathématiser une doctrine, pour condamner un livre, qualifier des propositions, à quoi bon recourir au Pape? Lorsqu'il aura parlé, tout ne sera point fini. On pourra toujours en appeler au concile. Autorité faillible pour autorité faillible, tant vaut se contenter de celle des évêques du royaume.

La seconde maxime faisait dépendre du bon plaisir du roi tout changement dans la discipline ecclésiastique, toute prescription se rapportant soit aux membres du clergé, soit aux biens de l'Eglise. En ne reconnaissant au Pape aucun pouvoir sur le temporel, les parlementaires ne voulaient pas dire seulement que les Souverains Pontifes ne pouvaient plus user d'un droit que leur avait, un moment, conféré le Moyen âge, et déposer les rois en certaines circonstances; ils prétendaient, en outre, que le pouvoir spirituel, s'exprimant, soit par la bouche du Pape, soit par la bouche des évêques, ne pouvait se mêler en rien de ce qui appartenait à l'Etat. Or, d'après eux, toute l'Eglise de France appartenait à l'Etat, les personnes et les choses. C'était donc porter atteinte au pouvoir temporel, que de modifier les prescriptions canoniques touchant les membres du clergé et leurs biens, attendu que ces prescriptions étaient devenues des lois de l'Etat, et que, par conséquent, le roi seul avait le droit de les changer. En cas de conflit, soit au sujet des personnes, soit au sujet des choses, ce n'était donc pas le Pape qui pouvait terminer le procès, mais les parlements chargés d'appliquer les lois de l'Etat.

Telle était, depuis longtemps, la situation de l'Eglise gallicane, grâce à nos libertés, qui ne l'affranchissaient du joug du pouvoir spirituel, que pour la soumettre au joug du pouvoir temporel.

Le Concordat, il est vrai, avait modifié radicalement cet état de choses, mais les doctrines restaient, et les préjugés aussi. Nous allons voir ce que les unes et les autres produisirent au Concile de Paris.

III

Nous touchons à la fin des préliminaires de cette assemblée. Avant de finir cependant, il convient de dire un mot d'un acte considérable, qui y fut discuté et préparé, et où les futurs délibérants eurent l'occasion de faire montre des principes qui allaient guider leur entreprise.

Le 13 juin 1811, l'évêque d'Evreux, Mgr. Jean-Baptiste Bourlier, écrivait au cardinal Fesch :

« J'ai l'honneur d'envoyer à Votre Altesse Eminentissime la mise au net du mandement (1), tel qu'il m'a paru avoir été agréé par

---

1. M. de Pradt, dont la conduite en cette occasion a souvent l'approbation du vaillant et fidèle évêque de Gand, avait dit, sur son projet de cérémonial :

« Il est d'usage d'ordonner des prières publiques pour implorer les bénédictions du ciel sur le concile.

nos seigneurs de la commission ; le temps ne me permettant pas de le relire, je supplie Votre Altesse de faire examiner s'il n'est pas échappé quelques fautes à la célérité de la transcription. — Je prie Votre Altesse d'avoir la bonté d'ordonner qu'on me renvoie mon manuscrit, aussitôt qu'on en aura fait la copie. — Je désirerais, s'il était possible, que les épreuves de l'impression me fussent adressées. »

Nous avons retrouvé ce manuscrit dans les papiers du cardinal-président du Concile. Il est chargé de ratures, écrites de la main de Mgr Fesch, et les ratures sont souvent significatives, comme les surchages, au point de vue qui nous préoccupe en ce moment.

La préoccupation gallicane est en effet sensible en plusieurs endroits du projet, tel qu'il sortit amendé des mains du comité préparatoire.

Dès les premières pages, on y insiste sur un

« Il est encore d'usage de publier un mandement à la fin du concile. Celui-ci est l'ouvrage du concile.

« Quant au premier, on propose qu'il soit aussi publié au nom du concile pour conserver une uniformité très désirable, et pour éviter les longueurs inséparables de la multiplicité de ces mandements. Le concile pourrait être fort avancé, avant qu'ils fussent parvenus dans quelques endroits. »

texte de l'apôtre, d'où les auteurs du mandement concluent que « les dons précieux
répandus abondamment sur le corps de
l'Eglise, Jésus-Christ les communique et les
distribue aux Eglises particulières selon les
vues miséricordieuses de sa Providence. »

Un peu plus loin, la note s'accentue, et
voici comment, du texte primitif rédigé par
l'évêque d'Evreux, moyennant une correction
qui est d'une main inconnue et une autre qui
est de la main du cardinal Fesch, sort cette
rédaction :

« Néammoins, Nos Très Chers Frères, cette
chaire apostolique, centre nécessaire de
l'unité, ne pouvait être occupée que par des
hommes, et Dieu, dont les jugements sont
impénétrables, a permis plus d'une fois qu'il
s'élevât autour d'elle quelques nuages. L'histoire de l'Eglise nous en offre des exemples, et
votre piété est justement alarmée à la vue de
la mésintelligence qui existe entre le chef de
l'Eglise et le plus puissant monarque de la
chrétienté. Un grand nombre de diocèses, de
vastes diocèses, réclament les secours du
ministère épiscopal. Les sujets nommés aux
sièges vacants ont vu leur zèle enchaîné par
les délais ou le refus de l'institution cano-

nique. Ils ont même trouvé des obstacles à
l'usage des moyens provisoires qu'une sage
discipline avait ménagés en faveur des Eglises
privées de leur premier pasteur. »

Après ce tableau, qui va directement au
blâme de la conduite du Saint-Siège, le texte,
amendé de la même main, continue :

« Les plaintes des peuples ne pouvaient
être inconnues à Sa Majesté, et les cris des
fidèles ont ému nos entrailles. Quoique, par le
concours des deux puissances, nos diocèses
aient chacun leurs limites, le désir du salut
des âmes ne doit point avoir de bornes pour
des Évêques, et nous partageons la sollicitude
de toutes les Eglises par la charité, la frater-
nité et l'unité. Effrayé au moindre bruit de
division, chacun de nous se demandait quels
pouvaient être les moyens d'arrêter un mal
dont les suites auraient été si funestes, lorsque
notre auguste Empereur, à l'exemple de Charlemagne et de plusieurs autres rois de France,
choisissant la voie du Concile National, a permis que nous nous missions en quelque sorte
entre lui et le Souverain Pontife. »

En voilà assez pour donner la juste idée des
doctrines et des plans que les organisateurs de
l'assemblée conciliaire apportaient à cette

grave entreprise, d'où pouvait sortir le schisme, si Dieu, — qui aime la France et lui a assigné dans ses desseins éternels une vocation qu'elle accomplit depuis le baptistère de Reims, sans dévier malgré tant d'efforts en sens contraire, — n'eût préservé notre Eglise des conséquences, logiques et fatales, contenues dans des prémisses qui aujourd'hui encore, après bientôt un siècle, donnent le frisson à la froide lecture.

Du reste, l'heure de la grande épreuve est venue. Dans les tours de Notre-Dame, une sonnerie éclatante annonce à Paris et à la France l'ouverture solennelle du Concile National de 1811.

IV

L'OUVERTURE DU CONCILE

I

Le lundi 17 juin, jour fixé pour la session d'ouverture, l'Eglise de Paris célébrait la fête de saint Avit. Le chroniqueur inédit, dont nous avons le compte rendu sous les yeux (1), note complaisamment cette coïncidence. C'est parce que saint Avit avait écrit une lettre demeurée célèbre, où il tonne contre les évêques d'Italie qu'il supposait avoir jugé le pape Sym-

1. Ce compte rendu de la session d'ouverture que le cardinal a soigneusement classé dans ses archives, n'est pas signé. Certains indices nous font croire qu'il est de M. de Quélen, le futur archevêque de Paris.

maque. Les prélats fidèles le rappelleront avec énergie aux défaillants, et, dans la ferveur de leur âme troublée à l'approche du péril, les plus pieux d'entre les assistants vont prier le saint de revivre en quelqu'un de ces évêques, auxquels on va déférer la triste mission de juger le Vicaire de Jésus-Christ.

Le président du concile avait nommé, pour l'assister, en qualités d'officiers provisoires : comme promoteurs, l'évêque de Bayeux, Mgr Brault et l'évêque de Citta della Pieve, Mgr Bechetti ; comme secrétaires, l'évêque de Nantes, Mgr Duvoisin ; l'évêque de Quimper, Mgr Dombidau de Crouseilhes ; l'évêque d'Albenga, Mgr Dania, et l'évêque de Brescia, Mgr Nava.

Il avait également désigné, pour remplir les délicates fonctions de maîtres des cérémonies, trois jeunes prêtres de ses familiers, tous trois bien nés et de manières distinguées : MM. de Sambucy, de Quélen et Feutrier, lesquels s'adjoignirent des aides choisis au séminaire de Saint-Sulpice, et parmi eux MM. de Forbin-Janson et de Mazenod.

« Dans les assemblées préparatoires tenues chez le cardinal Fesch, président, dit l'historiographe de la cérémonie d'ouverture, qui a noté scrupuleusement les moindres détails, il avait été décidé que la session se tiendrait dans la basilique de Notre-Dame de Paris. Le cérémonial, qui avait été discuté dans ces mêmes assemblées, semblait supposer que la session se tiendrait dans la croisée de l'église, entre le chœur et la nef. En effet, ce fut le premier projet. On avait cru devoir l'adopter, pour faciliter au peuple la vue de cette cérémonie imposante et nouvelle pour lui. Mais les observations faites depuis ont obligé à changer d'avis et à faire usage du chœur, parce qu'il présentait plus d'espace et qu'il offrait plus d'avantages pour la dignité de la cérémonie, quoique les évêques ne dussent pas être placés aussi commodément sur les stalles.

« Le local avait été ainsi disposé. Le pavé du sanctuaire avait été prolongé en bois jusqu'au niveau des premières stalles hautes et recouvert de tapis, ainsi que tout le pavé du chœur jusqu'à la grille qui le sépare de la nef.

« Au milieu du chœur, une estrade élevée recouverte d'un tapis. Sur l'estrade, une table couverte d'un damas cramoisi. Sur cette table était placée la relique de la sainte Couronne d'épines que l'on conserve dans le trésor de la Métropole, dans un riche et magnifique reliquaire. Devant ce reliquaire, sur la même table, le livre des saints Evangiles placé sur un coussin de velours orné de galons d'or, et le texte tourné du côté de l'autel.

« A l'entrée du chœur, du côté de la nef et au milieu, entre les dernières stalles inférieures, un petit piédestal, revêtu de velours, destiné à supporter la croix du Concile.

« Le long des stalles supérieures ou inférieures des banquettes basses et étroites pour tenir lieu de carreaux, afin de permettre aux évêques de s'agenouiller, et en même temps servir de siège aux aumôniers des évêques, qui, de cette façon, se trouvaient chacun aux pieds de son évêque, et l'assistaient dans la cérémonie du chœur.

« Comme les deux rangées de stalles eussent été insuffisantes pour le nombre des évêques présents, un troisième rang avait été formé avec des fauteuils devant lesquels on avait aussi placé des banquettes, comme au-devant des stalles.

« Les deux chaires du chœur étaient ornées de damas et de franges : l'une, du côté de l'Évangile, était destinée pour la prédication et la lecture des décrets du Concile; l'autre, du côté de l'épitre, était préparée pour Mgr le

Président du Concile, célébrant la messe solennelle, mais seulement pour s'y placer pendant le temps du discours prononcé *intra solemnia*, afin de pouvoir l'entendre, ce qui aurait été impossible, s'il fût demeuré sur le trône d'où il officiait pontificalement. Cette dernière chaire est la chaire archiépiscopale.

« La psallette était placée du côté droit du sanctuaire prolongé adossé à la petite grille latérale du chœur, entre la balustrade de marbre et la chaire de prédication. Cette entrée était fermée.

« L'autel était orné comme aux jours solennels.

« Au côté droit de l'autel, suivant le rite parisien, trône de l'officiant et sièges des officiers. Les induts se sont placés vis-à-vis de l'officiant, du côté gauche de l'autel.

« Du même côté de l'autel, dans le sanctuaire, vis-à-vis le célébrant, des banquettes pour MM. les chanoines de l'église métropolitaine de Paris en habit de chœur.

« A gauche du trône de l'officiant, dans l'enceinte de la balustrade de marbre, quelques ecclésiastiques en surplis. Derrière l'autel, des banquettes pour MM. les curés et autres ecclésiastiques en habit long.

« Autour du sanctuaire, entre les piliers, on avait pratiqué dans les bas côtés de l'église, des tribunes ayant vue sur l'intérieur du sanctuaire et du chœur. Elles étaient ornées. On les avait réservées pour les ministres, les ambassadeurs et autres personnes de distinction. On y entrait par billets, distribués la veille par ordre du Concile.

« Les travées du chœur étaient aussi ornées, et on n'y entrait non plus que par billets et par des portes différentes, pour éviter les accidents, l'expérience ayant démontré combien cette précaution était nécessaire. »

Après cette description minutieuse du cadre de la cérémonie, que nous avons cru devoir emprunter tout entière au cérémoniaire attentif, il devient facile de se rendre compte de la cérémonie qui fut imposante.

II

A sept heures du matin, tous les membres du Concile et leurs assistants se réunirent à l'archevêché de Paris, alors, comme on sait, attenant à Notre-Dame. Les évêques prirent la chape et la mitre, et se rendirent processionnellement au lieu de la session. Le cardinal Fesch, revêtu de riches ornements et visiblement ému, officiait, en sa qualité de président du Concile.

Après l'évangile, Mgr de Boulogne monta en chaire.

Nous avons sous les yeux le texte de son discours, tel qu'il était sorti des corrections et des retranchements de la commission chargée de l'examiner. Mais l'évêque de Troyes, obéissant au cri de sa conscience sans doute un peu alarmée par le ton comminatoire dont il avait usé envers le Père commun des pasteurs et des fidèles, fut indigné des suppressions qu'une prudence, à son avis excessive, voulut lui imposer.

On lui avait répété le propos du cardinal Maury :

— Je ne sais s'il s'en tirera, mais c'est un véritable casse-cou que ce discours.

L'évêque orateur jugea le moment favorable d'affirmer courageusement sa foi :

« Jamais, s'écria-t-il, nous n'oublierons tout ce que nous devons de respect et d'amour à

cette Eglise romaine qui nous a engendrés en
Jésus-Christ, et qui nous a nourris du lait de
la doctrine, à cette chaire auguste que les
Pères appellent la citadelle de la vérité, et à ce
chef suprême de l'épiscopat sans lequel tout
l'épiscopat se détruirait lui-même et ne ferait
plus que languir comme une branche détachée
du tronc, ou s'agiter au gré des flots comme
un vaisseau sans gouvernail et sans pilote. Oui,
quelques vicissitudes qu'éprouve le siège de
Pierre, quels que soient l'état et la condition
de son auguste successeur, toujours nous
tiendrons à lui par les liens du respect et de la
révérence filiale. Ce siège pourra être déplacé,
il ne pourra être détruit. On pourra lui ôter de
sa splendeur, on ne pourra pas lui ôter de sa
force. Partout où ce siège sera, là tous les
autres se réuniront. Partout où ce siège se
transportera, tous les catholiques le suivront,
parce que, partout où il se fixera, là sera la
tige de la succession, le centre du gouvernement et le dépôt sacré des traditions apostoliques. Tels sont nos sentiments invariables,
que nous proclamons aujourd'hui à la face de
l'univers, à la face de toutes nos Eglises, dont
nous portons en ce moment les vœux et dont
nous attestons la foi, à la face des saints autels

et au milieu de cette basilique où nos Pères assemblés vinrent plus d'une fois cimenter la paix de l'Eglise et apaiser par leur sagesse des troubles et des différends, hélas! trop ressemblants à ceux qui nous occupent aujourd'hui. »

L'émotion fut vive dans l'auditoire. Elle s'accrut, lorsque le cardinal Fesch, que cet acte courageux avait rendu rayonnant, prononça, d'une voix très haute et très fermé, le serment d'obéissance au pontife romain, successeur de saint Pierre, Prince des apôtres et Vicaire de Jésus-Christ sur la terre. On remarqua que, lorsque quelque évêque ne lisait pas assez distinctement la formule, le président la lui faisait recommencer, et que sa vigilance sur ce point redoublait, quand venait le tour d'un ancien constitutionnel.

D'autres incidents, racontés par l'évêque de Gand dans le *Journal du Concile* qui fut saisi au domicile de ce courageux prélat dans les circonstances que nous aurons bientôt à raconter (1), vinrent tout à coup révéler à la France

---

1. Ce journal, communiqué avec tous les autres papiers non moins compromettants saisis au domicile de l'évêque de Gand, au cardinal Fesch et conservés par celui-ci dans un dossier que nous aurons bientôt à dépouiller, a été révélé à la connaissance du public par M. d'Haussonville.

catholique que le despotisme césarien n'aurait pas raison si aisément des résistances de la conscience épiscopale.

« On était convenu, dit Mgr de Broglie, d'un programme tant pour la manière dont les choses devaient se passer et les affaires se traiter dans le Concile, que sur le *de modo vivendi in concilio*. Ce dernier article fut tiré du concile de Trente et beaucoup aussi de celui d'Embrun, le dernier concile provincial qui avait été tenu en France. Cette rédaction ne fut envoyée que très tard aux Évêques, le dimanche veille du 17, ouverture du concile.

« Pendant cette cérémonie, belle, auguste, imposante, qui frappa d'admiration (1) les nombreux spectateurs, quelqu'un me fit remarquer ces paroles : *Præcepta dominica, quantum quisque poterit, adimplere* (2). Les Évêques

---

1. Au point d'exciter la jalousie de l'Empereur. Ce jour-là même, Napoléon avait tenu une séance solennelle d'ouverture de la session législative, au milieu de l'indifférence générale, tandis que la foule s'était portée à Notre-Dame pour la session d'ouverture du Concile. Furieux de cette déconvenue, l'Empereur empêcha qu'on rendît compte au *Moniteur* de cette dernière.

2. « Accomplir, autant qu'il sera possible à chacun, les commandements de Dieu. » Les jansénistes enseignaient qu'il y avait des commandements qu'on n'était pas tenu

d'Italie, qui étaient auprès de moi, étaient mécontents, et moi également, d'une rédaction qui semblait indiquer que les préceptes du Seigneur ne pouvaient pas s'accomplir *absolute,* ce qui frise l'hérésie jansénienne. Il est vrai que ces paroles se trouvent dans le concile de Trente ; mais, après les hérésies, et celle de Jansénius est postérieure à ce concile, l'Eglise précise la doctrine avec plus d'attention. Donc, Mgr de Nantes (Duvoisin) faisant les fonctions de secrétaire provisoire, après avoir lu le décret *de modo vivendi in concilio,* étant venu demander à chacun des Pères : *Placetne decretum ?* je l'arrêtai et je lui dis qu'il fallait ôter de ce décret *in quantum quisque poterit,* et j'ajoutai : *quia præcepta dominica absolute et integraliter adimpleri possunt ;* autrement *istud redoleret Jansenii errorem, condemnati eo quod asseruerat nonnulla Dei præcepta esse impossibilia* (1). Monseigneur fit l'étonné et me répondit je ne sais quoi en marmottant. Mes

______

d'observer, parce que Dieu ne donne pas la grâce nécessaire pour leur observation.

1. Parce que les commandements de Dieu peuvent tous être observés d'une manière absolue et dans leur intégralité. Or, la formule laissait entendre un sens conforme à l'erreur de Jansénius, condamné pour avoir dit que certains commandements de Dieu ne pouvaient être observés.

voisins d'Italie et les prêtres qui nous entouraient furent contents de mon observation. Mgr de Bordeaux (Daviau du Bois de Sauzay), à la demande du secrétaire : *Placetne Concilium esse inceptum?* (1), répondit : *Salva obedientia debita Summo Pontifici, quam spondeo et juro* (2). Mgr de Namur (Pisani de la Gaude), observa sur le même objet que c'était en congrégation générale et non en ouverture de concile qu'on devait demander s'il plaisait aux Pères qu'il fût commencé. Réflexion évidente à laquelle le Nantais ne répondit rien. »

III

L'esprit d'indépendance, qui se manifestait ainsi au sein du Concile et en public, excita la colère de l'Empereur. Le discours de Mgr de Boulogne, le serment du cardinal Fesch, les

---

1. Vous plaît-il que le concile soit commencé?

2. Réserve faite de l'obéissance due au Souverain Pontife, obéissance à laquelle je m'engage et que je jure.

restrictions des évêques dans leurs réponses à son prélat favori, l'évêque de Nantes, valurent au président une de ces scènes terribles qui terrorisaient les courtisans et laissa cette fois l'oncle de l'Empereur fort calme.

Le récit, qui en vint aux oreilles des membres du Concile, les laissa également assez calmes, pour manifester de leur courageuse opposition à la première congrégation générale.

Cette congrégation avait été fixée au mercredi 19 juin. Un caprice impérial la fit remettre au lendemain, jeudi 20. C'est ce jour-là que les deux Ministres des Cultes, Bigot de Préameneu pour la France et Marescalchi pour l'Italie, devaient se présenter au Concile, pour y tenir le rôle que M. de Pradt, dans un intéressant et érudit projet de cérémonial, avait ainsi déterminé :

« Les conciles généraux, les conciles nationaux et les assemblées du clergé ont de tout temps reçu des ambassadeurs et des commissaires des souverains. On voit que, dans les conciles d'Orient, les commissaires des empereurs y assistaient en grand nombre, qu'ils y veillaient sur la police du concile, et qu'ils recevaient de grands titres d'honneur, tels que

Gloriosissimi Judices, et leurs adjoints celui d'*Amplissimus Senatus*. Les conciles de Constance, de Bâle et de Trente, ont compté des ambassadeurs de tous les princes catholiques, ils y occupaient des places d'honneur. Dans les assemblées du clergé, le roi nommait des commissaires qui étaient traités et reçus dans les formes suivantes :

« Les commissaires prévenaient par lettre M. le président de leur arrivée. Ils attendaient dans une des salles de l'édifice où se tenait l'assemblée. Le président prévenait l'assemblée de leur arrivée et proposait d'envoyer, suivant l'usage, un député du premier ordre et un député du second ordre à MM. les commissaires. Les agents du clergé allaient trouver les commissaires à l'entrée de l'édifice où se tenait l'assemblée et les conduisaient jusqu'au lieu où les députés les attendaient. Dans la marche, le député du premier ordre prend la droite sur le commissaire et passe aux portes devant lui; le député du second ordre suit immédiatement le commissaire. A l'entrée des commissaires, l'assemblée se lève; ils prennent place dans des fauteuils, devant le bureau.

« La lettre par laquelle Sa Majesté faisait connaître à l'assemblée la nomination et l'objet de la mission des commissaires était remise par le premier commissaire aux agents, qui la présentaient au président. Celui-ci ouvrait la lettre et la rendait à un des agents pour en faire lecture. La lettre de Sa Majesté était lue. Le premier commissaire faisait un discours. Le président répondait. Les commissaires se levaient et saluaient l'assemblée ; elle se levait en même temps, et les saluait ; ils se retiraient dans le même ordre qu'ils étaient venus.

« Le même cérémonial avait lieu chaque fois que les commissaires étaient introduits dans l'assemblée.

« Les lettres de Sa Majesté à l'assemblée portaient toujours la suscription : A Messieurs les cardinaux, archevêques, évêques et autres députés à l'assemblée générale du clergé de France, convoquée par ma permission dans ma bonne ville de Paris.

« Il faut observer que la présence des commissaires dans l'assemblée était bornée à la proposition des objets dont Sa Majesté les chargeait et à des conférences qui avaient lieu hors de l'assemblée, soit chez le président, soit dans les bureaux de l'assemblée, et que, depuis le concile de Constance, leur présence dans le concile n'était que passagère, et qu'aussi bien la liberté des assemblées ecclésiastiques exige que des discussions n'aient lieu qu'entre les membres mêmes du clergé. »

V

Les premières congrégations générales

I

On retint de cet antique cérémonial l'essentiel.

Les maîtres des cérémonies vinrent recevoir les ministres à leur descente de voiture, les conduisirent dans le salon de l'archevêché et prévinrent l'assemblée de leur arrivée. Aussitôt deux archevêques et quatre évêques vinrent les prendre, et les précédèrent dans la marche.

C'était peu après la messe célébrée par l'évêque de Faenza, patriarche nommé de Venise, et les Pères, dit le procès-verbal inédit que nous avons sous les yeux, se trouvaient réunis dans la salle de l'archevêché destinée aux séances, quand S. Em. Mgr le Président annonça l'arrivée des ministres. L'assemblée se leva et se tint debout, jusqu'à ce que les ministres eussent pris place à droite et à gauche du président. Aussitôt les Pères s'assirent et entendirent lecture du décret de Sa Majesté en date du 19 juin, qui nommait le président et réglait la formation du bureau chargé de la police de l'assemblée (1).

L'expression blessa les membres du Concile. Ils le firent voir, lorsque le cardinal Fesch ayant demandé à l'assemblée s'il lui plaisait de nommer le bureau de police au scrutin et à la pluralité des voix, le Concile répondit que l'élection de tous les officiers de l'assemblée se ferait ainsi.

On passa au vote. Nous suivons toujours le procès-verbal officiel qui est de l'évêque de Brescia et diffère du récit qu'a cru devoir adopter M. d'Haussonville, faute d'avoir pu le contrôler aux archives nationales, dont l'accès, comme il s'en plaint, fut fermé au docte histo-

---

1. Nous avons déjà donné plus haut le texte de ce décret, qui, d'après M. Jauffret, blessa vivement les membres du Concile.

rien par ordre du maréchal Vaillant. La majorité se prononça en faveur des archevêques de Ravenne (Mgr Codronchi) et de Bordeaux. Pour la nomination du troisième, il y eut ballottage entre l'archevêque de Tours et l'évêque de Nantes à égalité de voix. Le Concile, consulté par son président, décida qu'on tirerait au sort et le sort se prononça en faveur de l'évêque de Nantes (1).

Restaient à élire les quatre secrétaires et les deux promoteurs. La majorité relative des voix se prononça pour les évêques d'Albenga (Mgr Dania), de Brescia (Mgr Nava), de Montpellier (Mgr Fournier) et de Troyes (Mgr de Boulogne), élus secrétaires et les évêques de Côme (Mgr Rovelli) et de Bayeux (Mgr Brault), élus promoteurs (2).

Ces diverses votations avaient duré près de cinq heures. L'assemblée donnait des signes visibles d'impatience et de lassitude, quand M. Bigot de Préameneu se leva, pour donner

---

1. Une note, écrite de la main du cardinal Fesch, nous apprend que 101 votants prirent part à cette élection. L'archevêque de Ravenne réunit 30 suffrages, celui de Bordeaux 27. Tours et Nantes n'en eurent que 19.

2. 98 votants. Albenga réunit 34 suffrages. Montpellier 32, Brescia 31, Troyes 21, Côme 21 et Bayeux 14.

lecture du discours, concerté, ou, selon les chroniqueurs mieux informés, composé par l'Empereur lui-même. Le cardinal Fesch avait lutté pied à pied, jusqu'à la dernière heure, avec son impérial neveu, pour obtenir de profonds amendements à cette pièce, qui ne fut qu'une longue et hautaine diatribe contre Pie VII.

II

Nos lecteurs se souviennent du monologue débité par Napoléon devant le Chapitre métropolitain de Paris. Le discours du Ministre des Cultes n'en fut que la réédition, avec des éloges dithyrambiques du grand Empereur qui, « en relevant les autels, n'a pas cherché s'il ferait quelque chose d'agréable ou non à la cour de Rome », mais uniquement l'intérêt de la religion.

« — Sa Majesté nous a chargé expressément de vous le dire, afin que le monde entier l'entende. Elle n'a trouvé dans la cour de Rome qu'indifférence pour les vrais intérêts de la religion. Elle ne l'a vue constamment préoccupée que... d'accréditer le principe que le Pape est l'Évêque universel, qu'il peut renvoyer tous les évêques, qu'il est au-dessus de tous les souverains, des conciles et de toutes les Eglises. »

Les auditeurs auraient pu arrêter là leur harangueur officiel, et lui demander sur quel « principe », son maître avait basé sa requête, quand, pour conclure le Concordat, il exigea que le Pape remanierait de son autorité tous les diocèses français et intimerait à tous les anciens titulaires l'ordre de se démettre de leur siège. Aucun d'eux ne parla ainsi et c'est au milieu du plus morne silence que le ministre leur intima à tous, au nom de l'Empereur, « de prendre des mesures pour que, vu la déchéance où est tombé le Concordat, il soit pourvu à la nomination et à l'institution canonique des évêques... afin qu'il ne soit au pouvoir d'aucun homme de priver les diocèses de leurs évêques, ou de mettre un terme ou une interruption à cette suite des pasteurs qui depuis les apôtres doivent aller jusqu'à la fin des siècles. »

C'était, on le voit, nier, non seulement l'infaillibilité doctrinale, mais même la primauté du siège apostolique. S'ils eussent été moins gênés par leurs préjugés gallicans, les évêques français pouvaient répliquer par un argument *ad hominem*, que le César de 1811 eût compris.

— Sire, auraient-ils pu lui répondre, c'est à votre impériale omnipotence et à l'unité des pouvoirs qu'elle centralise entre vos glorieuses mains, que la France doit ces batailles d'Austerlitz, de Friedland, etc., que votre porte-parole vient de nous rappeler. Sans l'unité monarchique de votre empire, cet empire lui-même ne serait pas. Eh bien ! le divin fondateur de la sainte Eglise a voulu qu'il en fût ainsi de son œuvre de prédilection. L'Eglise est une monarchie, et vouloir la décapiter de son chef de droit divin, c'est ouvrir le schisme.

III

Le discours du ministre lu, Son Eminence proposa au Concile de nommer une commission chargée de préparer la réponse au message impérial et provoqua une délibération en vue d'implorer de Sa Majesté la faveur, pour le concile, d'être admis au pied du trône, pour offrir au souverain et à S. M. l'Impératrice les sentiments de respect et de fidélité qu'une autre commission, chargée de ce soin, aurait rédigés en forme d'adresse.

Il était trop tard pour faire toutes ces choses dans la même séance. La congrégation générale fut donc ajournée au lendemain 21 juin.

Le lendemain, en effet, toujours d'après le procès-verbal officiel, la messe fut célébrée par l'évêque de Bergame, Mgr Dolfin, et aussitôt le Concile reprit ses travaux.

Quelqu'un ayant demandé s'il fallait élire la commission de l'adresse au scrutin et à la pluralité des voix, le cardinal-président répondit que la question avait été tranchée implicitement par les agissements de la veille.

Le scrutin fut donc ouvert et donna la majorité au cardinal Caselli, évêque de Parme ; aux archevêques de Turin (Mgr de la Tour), et de Tours (Mgr de Barral) ; puis, aux évêques de Nantes (Mgr Duvoisin), de Gand (Mgr de Broglie), de Montpellier (Mgr Fournier) et de Troyes (Mgr de Boulogne). Plus d'un de ces noms, en particulier ceux de Mgr de Broglie et de Mgr de Boulogne, n'était pas pour plaire à l'Empereur. Leur élection parut significative.

Surgit à la suite une question qui fut vivement débattue, celle de savoir si l'on admettrait au Concile, avec voix délibérative, le prince primat archevêque de Ratisbonne, avec son suffragant, l'évêque de Capharnaüm. L'évêque de Gand protesta avec vivacité, disant que ce serait enlever au Concile le caractère plus restreint qu'on avait voulu lui donner, en renonçant à y appeler, comme il avait été d'abord résolu, les évêques de la confédération du Rhin, et en se bornant aux évêques de France et d'Italie. Mais, le cardinal Fesch, qui avait des raisons personnelles pour chercher à être agréable au prince primat et reçu du reste des instructions positives à cet égard (1), enleva le vote. L'archevêque de

1. Le 21 mai, le cardinal Fesch avait reçu communication d'une lettre du duc de Bassano au comte de Hédoville, ministre plénipotentiaire de Napoléon auprès du prince-primat de Francfort : « Il entrerait dans les vues de Sa Majesté, y était-il dit, que S. A. R. le grand-duc de Francfort assistât au concile convoqué à Paris pour le 9 du mois prochain. Si S. A. R. jugeait convenable que deux ou trois évêques de l'Église allemande assistassent au concile, Sa Majesté s'en rapporte à elle pour les désigner

Tours et l'évêque de Bergame furent chargés d'aller le notifier au prince, qui fut admis aux séances du Concile et placé en face du président.

et pour choisir des prélats, dont les lumières et les opinions (!) puissent concourir au but qu'elle se propose. »

VI

L'ÉMOTION AU DEHORS

Laissons pour un moment les commissions débattre, dans le secret des congrégations particulières, les graves intérêts dont elles ont assumé la lourde charge, et jetons un rapide coup d'œil sur ce qui se passait, pendant ce temps-là, en France et en Italie, tandis que les évêques, réunis à l'archevêché de Paris, essayaient de résister, sur la pente qui conduit au précipice et où la volonté impériale les poussait despotiquement.

Un gros dossier, déposé par le cardinal Fesch sur le bureau (1), nous donne à cet

---

1. Nous avons reconstitué ce dossier, parmi les papiers un peu mêlés du Concile National, dans les archives du

égard de très curieuses indications. Aucun historien n'y a fait jusqu'ici la moindre allusion, et il semble, à les lire, que le clergé français ou italien attendait dans le silence le résultat des délibérations conciliaires.

Or, il n'en était rien, à en juger par les lettres et mémoires déposés entre les mains du président et des Pères du Concile. Parcourons-les rapidement.

Voici d'abord des pétitions au profit d'intérêts personnels.

Un ancien chanoine prémontré, qui a eu le malheur de faillir à ses devoirs pendant la Révolution, demande son absolution au Concile.

Un pauvre desservant du diocèse de Poitiers expose fort au long la pénurie de ses ressources, détaille le revenu de son maigre casuel et implore une indemnité. « L'exposant, dit-il, ne refuse point le travail, et, grâce à Dieu, il a la satisfaction de réunir l'approbation de ses supérieurs et de ses paroissiens; mais, cela ne donne pas de quoi vivre, et, qui

cardinal Fesch, qui en avait conservé les documents, avec une impartialité qui l'honore, car plus d'une de ces pièces ne ménage guère la susceptibilité des principaux membres de l'assemblée.

voulez-vous qui se présente au sacerdoce, si le sacerdoce ne donne pas de quoi vivre? »

Cette question de l'insuffisance des ressources du clergé préoccupe l'opinion publique. Le maire de Verjus, dans le Doubs, le sieur Benoît Mugnier, explique fort bien les motifs qu'il a de désirer qu'on vienne enfin au secours des pauvres désservants, dont il voit, dans la Comté, les misères et les privations. De leur côté, huit membres du clergé toulousain voudraient que le Concile portât son attention sur ce point, à cause des graves inconvénients qui résultent de la modicité dérisoire du traitement des desservants, obligés dès lors à se montrer plus exigeants qu'il ne faudrait dans la perception du casuel.

Un curé de Poitiers, celui de Saint-Laurent, l'abbé Lecomte, essaie de porter les sollicitudes du Concile sur la situation lamentable du peuple français au point de vue religieux. « A quoi bon, dit-il, s'occuper d'un nouveau mode d'élection des Evêques et disputer un des droits du Pape? Qu'est-il besoin de Pape et d'Evêques pour de prétendus chrétiens qui ne veulent plus qu'un culte et point de religion? Avons-nous autre chose en ce moment?

Y a-t-il beaucoup d'hommes de la cour qui aient fait leurs pâques cette année? Votre Eminence croira-t-elle que, sur 900 paroissiens que j'ai communiés, j'ai compté à peu près 60 hommes? Aussi débite-t-on déjà dans le public que le Concile abolira la confession et autres absurdités... » Un peu plus loin, le courageux curé ne craint pas de s'écrier : « Ah! Monseigneur, vous qui approchez de si près Sa Majesté, dites-lui que, si son intention, en montant sur le trône, a été de détruire la religion catholique, s'il n'a fait venir son chef à Paris que pour le livrer à la risée publique, s'il n'a réuni les membres épars du clergé que pour leur porter des coups plus sûrs et plus meurtriers, dites-lui que, ses intentions seront bientôt remplies, dites-lui que les philosophes du XVIIIe siècle triompheront avec audace... » Et le vaillant ministre du Seigneur termine par cette fière déclaration : « Qu'on n'attende de nous aucune soumission qui ne soit fondée sur l'Evangile. Nous nous rappellerons encore la constitution civile du clergé. Nous retrouverons le chemin des déserts de Sinnamari... »

Un jurisconsulte propose des définitions dogmatiques à résoudre au Concile, qu'il a l'air de considérer comme une assemblée œcuménique.

Par contre, cet autre, dans une lettre en latin cicéronien, rappelle aux délibérants qu'ils ne devraient pas oublier que Pierre est dans les liens!...

Cet autre réclame la désaffectation du Panthéon et la suppression même de ce nom païen. Son mémoire est fort bien raisonné. Plus d'un moderne inconoclaste pourrait y trouver matière à réflexion.

Celui-ci demande qu'on oppose une digue à l'envahissement des mauvais livres. Celui-là, une bonne loi pour l'observation du repos dominical.

L'auteur d'un livre sur *l'accord du gouvernement français avec l'Evangile* proteste contre l'arrêté de Portalis qui a « méchamment » supprimé son volume, et il supplie le Concile de réagir contre « les abus de la cour de Rome ».

Arrêtons-nous, en terminant cette curieuse revue, sur une lettre, malheureusement non signée, et qui semble avoir vivement impressionné l'oncle de l'Empereur. C'est une dissertation canonique très complète contre la légitimité et la compétence du Concile de 1811.

« Ce Concile ne saurait être œcuménique, puisqu'il manque de toutes les conditions requises en pareil cas. Il n'a pas même le droit de se dire (1)national. En tous cas, il est incompétent à se mêler de l'institution des Evêques. C'est un droit exclusivement réservé au pape, « 1° parce que, dans un sens, il lui a toujours appartenu; 2° par la réserve d'Alexandre IV; 3° par le décret du concile de Trente; 4° par tous les concordats; 5° n'y eût-il point de titre positif à cette réserve, la possession non contestée de plusieurs siècles forme une prescription contre laquelle tous les canonistes reconnaissent qu'on ne saurait rien opposer... »

L'auteur de cette remarquable lettre ajoute: « On assure que plusieurs Evêques, réunis à Paris, ont déclaré leur incompétence à prononcer sur la question qui en ce moment tient à cœur au gouvernement. Ils ont dit la vérité; mais ils n'en ont dit que la moitié, s'ils n'ont pas ajouté qu'un concile national ne sera pas plus compétent qu'eux, et que, soit qu'il pré-

---

1. A la suite de cette lettre, dans les pièces du commencement, le cardinal et ses secrétaires emploient volontiers cette restriction : *le Concile* DIT *national*.

tende instituer directement, soit qu'il autorise les métropolitains à le faire, il ne formera que des intrus. L'Eglise n'enfante ses premiers pasteurs que par les entrailles de son chef, toute autre naissance est illégitime. Nous demanderons à ces nouveaux Donat les preuves de leur communion avec la chaire de Rome. N'en produisant aucune, nous leur répondrons, avec les Cyprien, les Optat et toute l'Eglise, que nous ne les connaissons pas. Le silence forcé de Pierre retentit malgré eux à leurs oreilles. Ils n'auront pas même le courage de lui écrire, comme en 91, des lettres d'une communion dérisoire, et sous ce rapport leur intrusion sera plus évidente que celle des constitutionnels. Nous avons combattu ceux-ci, en leur reprochant qu'ils s'étaient emparés du siège d'un Evêque vivant, malgré lui. Le Concordat a prouvé que cette réponse n'était pas concluante dans tous les cas. L'argument péremptoire contre les constitutionnels, c'est qu'ils n'ont pas été institués par le siège apostolique. C'est le plus court; c'est par là que Pie VII caractérisait leur intrusion, dans un bref du 15 août 1801 à l'archevêque de Corinthe : *Sedes episcopales quas absque sedis apostolicæ institutione occuparunt statim abji-*

ciant. C'est un axiome aujourd'hui dans l'Eglise : L'Évêque est intrus, qui n'est pas institué par le Saint-Siège. Nous n'aurons que ce mot à dire aux Évêques engendrés par le Concile National. L'arrêt est sans appel. Il est possible qu'il modifie ses décrets, qu'il les rende provisoires, qu'il les étaye sur les besoins des Eglises, sur l'empire des circonstances, qu'il argue des torts dans Pie VII. Nous répondrons à tout cela que le premier besoin des Eglises est de ne pas leur donner, même provisoirement, des intrus... »

Après cette vigoureuse et inéluctable argumentation, l'ami du cardinal Fesch (1) ajoute, avec une éloquente instance : « Au reste, on ne pourrait concevoir comment un Concile s'oublierait jusqu'au point d'autoriser le sacre et l'institution des nouveaux nommés. Les Évêques qui le composeront ne s'apercevraient-ils qu'ils attaqueraient par là leur pro-

---

1. Le post-scriptum de la lettre, dont nous n'avons pu reconnaître l'auteur, même par la comparaison de tant d'autres écritures du dossier complet, le dit expressément : « Vous pouvez compter sur le secret que gardera celui de vos amis qui vous adresse la présente, et qui, pour prévenir tout soupçon, a cru devoir la faire mettre à une poste éloignée. »

pre autorité et se couvriraient de honte à la face de l'univers? N'est-ce pas à la plénitude de la puissance papale qu'ils doivent tout ce qu'ils sont? N'est-ce pas elle qui a renversé tous les anciens sièges épiscopaux et qui de leurs débris a formé ceux qu'ils occupent? N'est-ce pas elle qui a éteint la jurisdiction entre les mains de tant de prélats qui, pendant dix ans, n'avaient pas cédé un pouce de terrain à la philosophie? Pourraient-ils aujourd'hui mettre en principe que l'intervention de cette autorité n'est pas nécessaire pour faire des évêques, sans s'apercevoir qu'ils rendent la leur chancelante? Faudrait-il ajouter aux chagrins qui dévorent le cœur doux et pacifique de Pie VII, le plus cuisant de tous, celui de voir l'Eglise dont il est le père se révolter contre lui dès son enfance, et faire à la France tous les maux qu'il avait voulu prévenir en la formant...? »

En terminant, l'éloquent auteur de cette admirable lettre (1) n'hésite pas à le dire :
Tout ce qu'on peut désirer de mieux, en ce moment, c'est que le projet du Concile avorte.

---

1. La lettre parvint au cardinal, quelques jours avant ouverture du Concile.

L'opinion publique n'en attend rien de bon. Il ne s'est pas tenu un seul synode depuis le dernier concordat. Le gouvernement a redouté jusqu'à l'ombre d'assemblée ecclésiastique. On a eu à Paris le Pape et tous les Evêques réunis : un concile aurait assurément pu faire beaucoup de bien. Alors, il ne s'en est pas parlé. On en compose un au moment où tout fait craindre qu'il ne fasse beaucoup de mal et ne rompe les liens de l'unité... Les Evêques n'ont rien de mieux à faire que d'empêcher le Concile s'ils le peuvent, et, s'ils sont trop obligés de s'y rendre, ils doivent porter avec eux l'inébranlable résolution de ne condescendre en rien et de prétexter constamment leur incompétence. »

Nous allons voir comment, dans les travaux des commissions, les évêques répondirent à cette adjuration.

VII

LES TROISIÈME ET QUATRIÈME CONGRÉGATIONS GÉNÉRALES

I

A la première réunion de la commission (congrégation de l'adresse), on put voir combien les débats seraient vifs. La premier éclat fut soulevé par l'évêque de Nantes, le favori confident de l'Empereur. Il avait composé un projet d'adresse que nous avons sous les yeux et dont il sera bientôt parlé tout au long, et, pensant entraîner ses collégues à l'adopter, il avoua en avoir donné lecture au souverain qui l'approuvait.

L'évêque de Gand raconte, dans son *Journal,* comment il releva aussitôt cette impertinence. « Je dis à ce collègue que cet aveu m'avait pénétré de tristesse. Je lui citai Bossuet, qui réclama contre Louis XIV, dont une décision, en conseil d'état, prescrivait aux Evêques de lui soumettre leurs mandements. Le roi dispensa Bossuet à cause de ses grands mérites et services pour l'Eglise. Il refusa l'exemption, dit qu'il la demandait, non pour lui, mais pour l'épiscopat. Louis XIV retira son arrêt à l'égard des mandements. J'ajoutai que Mgr de Nantes, outre le tort d'avoir agi sans mission du Concile, compromettait violemment la commission, vu les changements jugés peut-être nécessaires à l'adresse et qui pourraient irriter le souverain et peut-être plus encore le Concile qui pouvait aussi ne pas recevoir l'adresse même. Je fis sentir combien il était coupable et inouï que le Concile, dans un acte qui le concernait, ne fût qu'en seconde ligne, et que désormais il fallait que, de nécessité, il agît, il parlât, écrivit ses adresse et autres actes.

« Nantes était confondu, mais atterré de ma réflexion. Les autres Evêques m'approuvaient. Nantes voulut, mais faiblement, se justifier sur la difficulté des circonstances et le besoin de ne pas cabrer. Il fut facile de le réfuter.

« — Au reste, lui dit le cardinal Fesch,
« c'est à vous, Monseigneur, à présenter vos
« idées à l'Empereur, car il a dit récemment
« que vous le faisiez bon catholique en lui
« parlant de la religion, tandis que celle d'un
« autre Evêque le ferait protestant. »

« Nantes trouva le compliment peu gracieux,
et Troyes dit :

« — Effectivement, Monseigneur, vous n'avez
« pas de quoi vous vanter. »

« A cette réunion, Evreux (Mgr Bourlier)
ayant dit que c'était la commission ecclésiastique (assemblée en 1810 et 1811, en hiver, et
composée de sept Evêques) qui avait amené le
concile, je demandai à Evreux si c'était là ce
qu'il avait fait de mieux de sa vie. Tours
reprit : « Nous avons très bien fait. » Je lui
répondis :

« — Oui, vous avez fait là un bel ouvrage.
« Pour tirer d'embarras quelques Evêques
« d'une commission ecclésiastique qui pouvait
« et devait sans façon se déclarer incompé-
« tente, vous avez demandé un Concile Na-
« tional; vous y avez gagné un an de répit,
« mais vous voilà pris de nouveau et retombés
« plus rudement dans ce Concile qui vous
« expose avec nous à tant d'embarras et de

« périls, qui expose encore plus la cause de
« l'Eglise. »

« Tours ne répondit pas. »

Courageusement et au péril de sa liberté qu'il
devait y perdre, l'évêque de Gand émit l'avis
qu'il fallait parler du Pape dans l'adresse, y
demander conciliairement sa liberté et se
borner à des hommages de respect, de dévouement et de fidélité au souverain. Il ne fut pas
appuyé en cela. Ses collègues répondirent que
l'Empereur voulait autre chose, que sans cela
il se mettrait en colère.

— Sans doute, répliqua le vaillant évêque,
la colère du prince est redoutable, mais il y a
des choses plus redoutables encore. Tout s'est
perdu et se perd depuis longtemps par la faiblesse de celui de nos collègues, qui montre
d'avance au souverain ce dont il doit être
question. Vieille et coupable méthode qui date
de la commission ecclésiastique.

Mgr de Broglie songea dès lors à se retirer de
la commission de l'adresse, mais il réfléchit
qu'il valait mieux garder ce parti extrême pour
un moment plus grave encore. La colère impériale ne devait pas lui en laisser le temps.

II

Une autre préoccupation s'imposait aux soucis des membres du Concile.

Le Ministre des Cultes, on s'en souvient, avait lu, à la deuxième congrégation générale, un message de l'Empereur, auquel l'usage, les convenances et la volonté du maître, exigeaient qu'il fût officiellement répondu. Or, ce message, on s'en souvient encore, renfermait à l'encontre du Souverain Pontife des objurgations si vives, et il émettait de telles prétentions, que l'embarras serait grand d'y faire une réponse convenable.

La troisième congrégation générale se réunit le 25 juin.

Mgr de Barral y rendit compte de sa visite au prince primat de Ratisbonne qui avait, dit-il, accueilli avec reconnaissance la décision du Concile, l'admettant à siéger dans son sein et à une place d'honneur (1).

---

1. Pendant la lecture du procès-verbal, le prince primat était entré et avait pris sa place d'honneur. Le suffragant siégea à son rang de sacre.

Vint, à propos du procès-verbal de la première congrégation générale, la question du message. Les uns voulaient qu'il y fût inséré en entier, les autres qu'il fût renvoyé aux pièces justificatives. Ce dernier avis prévalut, au grand désappointement des prélats courtisans, qui trouvaient qu'on traitait bien cavalièrement la parole impériale. Mais, un vent de sainte liberté soufflait sur la majorité. Ce n'est pas en vain qu'on avait récité la belle prière conciliaire :

— *Adsumus, Sancte Spiritus, adsumus… veni ad nos… doce nos quid agamus… non nos patiaris perturbatores esse justitiæ… non nos acceptio personæ corrumpat… in nullo deviemus a vero… ut hic a te in nullo dissentiat sententia nostra…* (1).

L'ordre du jour amena aussitôt l'élection de la commission ou congrégation particulière chargée d'examiner le message et d'y répondre.

---

1. Nous voici, Esprit Saint, nous voici… venez à nous… enseignez-nous ce que nous devons faire… ne permettez pas que nous devenions les perturbateurs de la justice… afin que nous ne nous laissions pas fléchir par l'acception des personnes… que nous ne nous écartions en rien de la vérité… et qu'ici nos sentiments ne diffèrent en rien de ce que vous exigez de nous. (*Prière pour l'ouverture des sessions.*)

Il fut décidé que cette commission serait composée de onze membres.

93 votants prirent par au scrutin. Furent élus les cardinaux Spina et Caselli, le premier par 32, le second par 41 voix. Avec eux, on nomma les archevêques de Bordeaux et de Tours ; les évêques de Comacchio (Mgr Boari), de Tournay (Mgr Hirn), de Gand, d'Yvrée (Mgr Grimaldi), de Troyes, de Trèves (Mgr Marnay) et de Nantes (1).

« Ainsi, dit l'évêque de Gand, me voilà encore une fois dans *periculosæ plenum opus aleæ* (2), mais l'honneur et le devoir sont ma devise, et se refuser à la confiance de ses collègues serait lâche (3). »

---

1. Bordeaux eut 36 voix, Tours 32, Comacchio 28, Tournay 33, Gand 33, Troyes 25, Trèves 34, Nantes 45. Nous omettons le reste du relevé des votes pour ne pas surcharger cette note de chiffres, quelque intéressants qu'ils soient pour dévoiler les dispositions des votants.

2. Travail rempli de périlleux aléa.

3. A propos de l'adresse, Mgr de Broglie ajoute ces paroles significatives : « Le projet d'adresse de Mgr de Nantes fut lu et discuté article par article, à la commission. Je prédis, et je ne fus pas le seul, que cette adresse ne passerait jamais au Concile. On retrancha du texte bien des mots et des phrases ; pour moi, je déclarai que je ne signerais jamais ce projet tel qu'il était rédigé. C'était d'abord servir le Concile que d'arracher d'avance plu-

III

Le lendemain, 26 juin, après la messe célébrée par le saint archevêque de Bordeaux, s'ouvrait la quatrième congrégation générale.

Les procès-verbaux n'étant pas prêts, on en renvoya la lecture et l'adoption à plus tard.

La veille de cette séance, le comte de Ségur avait donné au cardinal président une lettre que celui-ci fit lire à la congrégation.

« Monseigneur. — Le duc de Frioul vient de m'écrire que l'Empereur recevra dimanche le concile, la députation du corps législatif et la députation des trois départements de l'Eure, de l'Elbe et du Weser ; c'est ce que je savais déjà par Sa Majesté, mais il me mande en même temps que l'Empereur désire que je lui apporte jeudi la copie des discours qui doivent

---

sieurs épines qui l'auraient blessé et même compromis. Cette cote mal taillée, cette pièce informe que Mgr de Nantes avoua lui-même ne pas lui plaire, fut rabotée et polie tant soit peu. (Mgr DE BROGLIE, *Journal cit.*)

lui être adressés ce jour-là au pied du trône. Je prie Votre Eminence de vouloir bien me mettre à même de remplir, en ce qui la concerne, les intentions de Sa Majesté. »

Cette audience avait été prévue par M. de Pradt, dans son intéressant mémoire sur le cérémonial du futur Concile National.

« Le Concile, écrivait-il, aura à satisfaire au devoir que tous les conciles et toutes les assemblées ecclésiastiques ont toujours rempli avec empressement, celui de présenter leurs hommages au souverain et d'implorer sa protection.

« Voici la forme dans laquelle les assemblées du clergé demandaient à Sa Majesté de lui être présentées et paraissaient devant elle.

« Le président de l'assemblée écrivait au secrétaire d'État ayant le département du clergé, et, après que sa réponse lui était parvenue, les agents du clergé se rendaient auprès du roi, et recevaient ses ordres pour le jour auquel il recevrait l'assemblée. Ils en faisaient part à l'assemblée. Celle-ci nommait un président, avec plusieurs membres du premier et du second ordre, pour se rendre auprès de Sa Majesté. La députation était reçue dans la salle des ambassadeurs. Les gardes étaient en haie sous les armes, les officiers à la tête. Les deux battants de l'appartement de Sa Majesté étaient ouverts pour faire entrer la députation.

« Les agents faisaient à Sa Majesté trois profondes révérences, et se plaçaient à droite et à gauche de la députation. Les Evêques se plaçaient de même, faisaient à Sa Majesté une révérence. Le président haranguait Sa Majesté et la saluait après la harangue. Le président nommait à Sa Majesté les députés. La députation se retirait dans le même ordre, et était reconduite avec les même honneurs.

« L'usage a toujours été que le clergé rendît les mêmes devoirs à S. M. la Reine et au Dauphin.

« Le même cérémonial était observé lors de la présentation qui avait encore lieu à l'époque de la clôture de l'assemblée. »

Le comte de Ségur s'inspira de ces précédents, quand, le 28 juin, il écrivit de nouveau au cardinal Fesch :

« Monseigneur. — J'ai l'honneur de prévenir Votre Eminence que S. M. l'Empereur et Roi recevra dimanche prochain le Concile, au palais des Tuileries, à onze heures.

« Sa Majesté sera sur le trône.

« On sera en grand costume complet.

« Votre Eminence voudra bien inviter les Pères du Concile à se réunir à l'archevêché et à se rendre en corps au palais des Tuileries, dans la salle du Conseil d'Etat, un peu avant onze heures.

« L'escorte qui doit accompagner le Concile se trouvera à dix heures à l'Archevêché. »

Un post-scriptum réglait encore un détail cérémoniaire : « Comme il doit y avoir probablement parade après la messe et qu'alors les voitures ne pourraient rester, il est convenu que, si la parade n'est pas retardée, les Pères du Concile, en sortant de la messe, traverseront les appartements et la galerie du musée pour trouver leurs voitures qui les attendront sur la place du Louvre. »

L'audience n'eut pas lieu, pour les raisons que nous allons dire, et qu'il est temps de raconter dans leur émouvant détail, en revenant au procès-verbal de la quatrième congrégation générale, où il se dit tant de choses qui devaient si profondément irriter l'Empereur.

IV

On venait de lire le projet d'adresse, ce projet dont l'évêque de Gand avait prédit que la lecture soulèverait au Concile de très vives réclamations. Mgr de Broglie ne croyait pas avoir si bien prophétisé.

Ce fut l'évêque de Nantes, le confident du César et l'auteur du projet d'adresse, qui se chargea de mettre le feu aux poudres par une impérieuse mise en demeure d'avoir à se hâter :

— Il est mercredi, dit-il, il faut que cette adresse soit entre les mains de l'Empereur jeudi (1).

— Je demande, dit l'évêque de Côme, qu'elle passe au scrutin secret.

____

1. Nous suivrons, dans ce dialogue et ceux qui vont suivre, les notes inédites conservées par le cardinal Fesch, dans une enveloppe spéciale. Elles sont écrites au crayon et très difficiles à déchiffrer. On y trouve du moins la physionomie des débats prise sur le fait et comme sténographiée.

— Auparavant, reprit le cardinal Maury, qu'on nous en fasse lentement une seconde lecture.

— Respectons le Concile, ajouta le cardinal Spina. L'adresse qu'on vient de nous lire cite les propositions de 1682. Ces propositions ne constituent qu'une opinion, et non une doctrine, surtout la troisième. Elevé dans une autre Eglise, je ne partage pas cette opinion, et puisque chacun doit signer l'adresse, il est urgent que chacun aussi l'examine, car il me paraît qu'on veut tirer de ces propositions des conséquences qui ne se déduisent pas dans la rigueur de la logique.

L'évêque de Côme parla de même. Un autre évêque italien, dont les notes des secrétaires ne donnent pas le nom, ajouta :

— Si les propositions sont vraies, les conséquences doivent être admises.

C'était une invite à ses collègues nationaux de combattre la déclaration de 1682, sur laquelle le projet de Mgr Duvoisin élevait tout l'édifice de son projet d'adresse. Sentant que le terrain se dérobait sous lui, il prit la parole :

— Je vous ferai observer, Monseigneur, dit-il, que l'adresse est le résultat des vœux de la commission. Mais, j'avoue qu'elle doit être soumise à l'assemblée plénière.

Puis, il argumenta en faveur du 1ᵉʳ et du 3ᵉ article de la déclaration du clergé de France et ajouta :

— L'intention de Sa Majesté est qu'on s'explique sur ces articles.

Quelqu'un proposa alors de séparer les Français et les Italiens, et de faire une adresse différente pour chacun des deux groupes. La proposition fut rejetée, comme portant atteinte à l'unité du Concile.

Un évêque italien se leva aussitôt, et, après avoir énergiquement protesté contre le 3ᵉ article de la célèbre déclaration, il se dit d'accord avec Bossuet lui-même qui reconnaît au Pape le droit de réformer les canons, et d'en faire de nouveaux.

Le cardinal Fesch, trouvant que la discussion s'égarait, dit :

— Il ne s'agit pas encore de discuter les termes de l'adresse, mais de savoir de quelle manière on la discutera.

— L'assemblée, proposa alors l'évêque de Nantes, veut-elle qu'on discute l'adresse article par article, ou en retranchant tout ce qui serait matière à discussion?

On vota, et il fut décidé qu'on lirait de nouveau, lentement, article par article, et qu'on discuterait, mais seulement pour voir (*sic*) et sans vote définitif.

Dans le début, il était dit que le Concile était réuni « par ordre » de l'Empereur. Cette expression devra être supprimée.

Quelqu'un (1) alors proposa d'introduire dans le corps de l'adresse un vœu pour la liberté du Pape. Ce fut l'occasion d'un magnifique mouvement, dont les historiens ont parlé diversement, et que nous allons raconter d'après les notes sténographiques du bureau.

V

L'évêque de Chambéry, héritier par son titre réuni de Genève du zèle de saint François de Sales, se lève, et, disent les notes, « parle avec force ». Il s'écrie, s'adressant à l'évêque de Nantes :

---

1. C'était le baron de Drost, évêque suffragant de Munster.

— Quoi ! Monseigneur, il n'est pas question, dans votre adresse, de la liberté du Pape ! Que faisons-nous, évêques catholiques, réunis dans un concile sans pouvoir seulement communiquer avec notre chef ? Il faut qu'à la première députation du Concile à l'Empereur, la liberté du Saint-Père soit demandée par nous, c'est notre devoir. Nous le devons à nos diocèses, à tous les catholiques de l'Empire, de l'Europe. Jetons-nous, s'il le faut, aux pieds du souverain, pour obtenir cette délivrance.

M. de Pradt souleva une misérable diversion.

— Cette expression, se jeter aux pieds de l'Empereur, n'est pas assez digne du Concile.

— Monseigneur, répliqua fièrement le successeur de saint François de Sáles, je connais et je défendrai autant qu'aucun de mes collègues la dignité épiscopale ; mais des évêques peuvent bien se jeter aux pieds du souverain pour obtenir la liberté du Vicaire de Jésus-Christ.

Emporté par une sainte indignation, Mgr Dessoles ajouta :

— *Argue, obsecra, increpa !* la cause est si grande !..... Eh quoi ! le chapitre de Paris, dans son adresse... (Ici, le prélat s'arrêta un instant, de peur, dit Mgr de Broglie dans son *Journal*, d'en dire plus qu'il ne fallait)... a bien demandé à l'Empereur la grâce et la liberté de M. d'Astros, un de ses membres, et nous n'aurions pas le courage de demander la liberté du Pape?

Il ajouta finement :

— Mais, dites-vous, l'Empereur pourra s'irriter? Messeigneurs, la divinité consent à être pressée, importunée par des prières : les souverains sont les images de Dieu, et, quand on agit avec eux comme avec lui, ont-ils le droit de se plaindre?

Le Concile était transporté (1). L'archevêque de Bordeaux, non moins courageusement, son collègue de Chambéry ayant parlé du vœu des peuples, appuya son avis. Puis, ce fut le tour de Mgr Le Blanc de Beaulieu, évêque de Soissons, que suivit l'archevêque de Turin, Mgr de la Tour.

Les évêques courtisans étaient consternés. L'un d'eux, raconte Mgr de Broglie, se tournant vers son voisin, lui dit à voix basse :

— Nous y voilà, comme je l'avais prévu.

---

1. Au bureau, on ne se rendit pas ou on ne voulut pas se rendre compte de cet état des esprits. « Peu ont fait paraître d'enthousiasme, dit le secrétaire dans ses notes, chercher la raison, observer ce silence. »

M. de Pradt essaye de faire dévier ce mouvement.

— La liberté du Pape et ce qui le concerne, dit-il, ne sont pas l'objet précis de l'adresse.

— Dans les grandes assemblées, ajouta Mgr d'Osmond (1), il faut se garder de l'enthousiasme.

Les murmures qui accueillirent cette admonestation de l'évêque de Nancy prouvèrent aux deux prélats combien leur courtisanerie déplaisait à la majorité.

Piqué au vif, l'archevêque de Malines voulut soutenir son dire. Il fut réfuté, avec une grande vivacité, par Mgr Pisani de la Gaude, évêque de Namur. La discussion menaçait de s'éterniser, quand le cardinal Caselli se leva et dit :

— Je demande qu'il soit fait mention expresse au procès-verbal du désir général du Concile, manifesté dans cette séance par tous les Pères, que le Pape soit mis en état de communiquer et de gouverner l'Eglise. Du reste, ajouta-t-il, la proposition de Mgr de Chambéry n'est qu'ajournée. J'émets l'avis qu'il n'en soit pas parlé à la première, mais à la plus prochaine occasion.

---

1. Il était archevêque nommé de Florence.

Le cardinal Fesch crut devoir expliquer cette motion :

— Les propositions émises par Nos Seigneurs de Chambéry, de Soissons et de Bordeaux sont, dit le président du Concile, dans le cœur de tous les évêques de l'assemblée. Si elle devait durer peu, on pourrait hasarder cette démarche, mais, en la faisant, on s'exposera à de l'humeur. Il sera répondu que le Pape n'est pas prisonnier et qu'il peut sortir de Savone pour aller ailleurs. Le vrai moment de s'exprimer comme il convient sur cette question sera quand celle de l'institution canonique viendra à être traitée. Alors, on parlera à l'Empereur.

« Il y avait, dit l'évêque de Gand dans son *Journal*, il y avait, je crois bonne intention dans cette remarque. »

La proposition fut adoptée, avec cet amendement du cardinal Spina, soutenu par l'évêque de Chambéry, qu'il serait parlé du Pape dans l'adresse.

Ce qui va suivre est très confus. Mais, cette confusion même est un indice du trouble qui régnait dans les esprits, à la suite de ce vif incident. On n'en parlait plus, mais l'impression dominait l'assemblée. On la sent percer à tout instant dans les notes sténographiques que nous suivrons jusqu'au bout, dût la multiplicité et le mélange contradictoire des incidents dérouter et fatiguer un peu le lecteur.

VI

La discussion reprit par la lecture du préambule des quatre articles, invoqué dans le projet d'adresse. Ce projet revint ensuite en lecture.

A l'endroit où il était parlé de la reconnaissance du Concile pour l'Empereur, l'archevêque de Bordeaux interrompit :

— Il faudrait exprimer un autre sentiment que celui de la reconnaissance, puisqu'il s'agit aussi de ce que le souverain a fait pour le Pape. Je demande qu'il soit parlé ici de notre douleur...

Personne n'osa relever la motion du courageux et saint Mgr d'Aviau. Le secrétaire continua la lecture. Il parut au président qu'elle fatiguait certains membres de l'assemblée. Le cardinal Fesch proposa d'interrompre ce labeur de Pénélope, de faire imprimer le projet d'adresse et de le distribuer à chaque Père, afin que chacun pût y faire ses observations.

L'agitation fut extrême. Presque à l'unanimité, la proposition du président fut rejetée, après que l'évêque de Quimper, Mgr de Crouseilhes, et l'archevêque de Malines eurent fait observer que chaque Père n'était pas compétent également sur les détails et que l'impression exposerait à une divulgation fâcheuse.

L'archevêque de Bordeaux avait fait une remarque sensée :

— Une simple lecture, dit-il, ne peut suffire pour pouvoir arriver à ce que chacun des auditeurs approuve *singulatim*. Le système adopté fatiguera l'assemblée, et l'adresse passera telle qu'elle est, à peu de chose près, à l'exception de quelques expressions grammaticales.

La lecture continua donc, et on en vint au passage où il était dit : *Votre Majesté ne confondra pas avec la doctrine et l'enseignement de l'Église des opinions nées et accréditées dans ces siècles où les principes du droit public, ainsi que ceux de toutes les autres sciences, n'étaient pas universellement connus...*

Une vive rumeur s'éleva dans les rangs. Les notes la qualifient même de « tapage ». Chacun criait de sa place. L'expression *universellement*, disait-on, est une injure pour l'Eglise et pour l'humanité.

— Je ne veux pas, s'écria l'archevêque de Bordeaux, qu'on dise que l'Eglise a *ignoré* les principes du droit public.

L'évêque de Soissons se leva, et, dominant le bruit, fit entendre ces « fortes paroles » :

— Il faut se borner à un simple compliment, ou, si c'est une adresse de doctrine, il faut parler du Pape et exprimer le vœu du concile.

Le secrétaire voulut continuer sa lecture, l'archevêque de Bordeaux l'arrêta :

— Même modifié, dit-il, cet article ne peut passer.

L'archevêque de Ravenne, Mgr Codronchi, l'appuyait. L'émotion gagna le vénérable métropolitain d'Aquitaine. « Monsieur de Bordeaux, dit le sténographe, ne peut parler par timidité et par défaut d'expressions. » On sait ce que vaut l'explication, ingénue sous la plume d'un rédacteur qui a déjà inséré tant de preuves de l'intrépidité de Mgr d'Aviau. Aussi, quand le lecteur eut dit que *les plus grands évêques* avaient rejeté les *opinions* ultramontaines que l'adresse voulait atteindre, un cri universel demanda qu'on remplaçât cette assertion par celle *des Églises célèbres*.

Puis, vint l'histoire des quatre articles. A la lecture du premier article, l'évêque de Nancy interrompit, en ouvrant, disent les notes, « l'avis très noble de glisser le mot et la profession de foi sur le Pape, en se servant des expressions les plus marquantes de Bossuet et d'une partie du préambule des quatre articles. Adopté à l'unanimité. Demain, on lira l'amendement. »

On en était arrivé au point peut-être le plus brûlant de la rédaction, et le rédacteur des notes l'indique d'un mot : « On va, dit-il, parler surtout de l'excommunication lancée à raison d'un différend entre les deux puissances ».

VII

Les évêques courtisans la proclamaient nulle et de nul effet, ils disaient que leur appréciation était une conséquence logique du deuxième article de la déclaration de 1682. Les évêques fidèles, embarrassés par leur gallicanisme, prétendirent qu'il y avait une distinction à faire.

Bravement, l'évêque de Nancy et l'archevêque de Bordeaux disaient que, se prononcer pour la nullité de l'excommunication, c'était s'insurger contre le décret du concile de Trente excommuniant les spoliateurs des biens de l'Eglise.

— Le concile de Trente, dit l'évêque de Nantes, parle de « crime avéré », mais, lorsqu'il s'agit de « crime inconnu », le décret n'a plus son application.

Le cardinal Maury essaya de commenter le décret, et conclut, comme Mgr Duvoisin, qu'il ne s'applique qu'au « crime avéré ».

Le cardinal Spina combattit le commentaire qu'appuya l'archevêque de Tours.

— Monseigneur, répliqua l'évêque de Gand s'adressant au cardinal Maury, vous avez **fait** un commentaire, il vaut bien mieux lire le texte du Concile (1).

---

1. *Si quem clericorum aut laicorum quacumque dignitate etiam imperiali aut regali, præfulgeat, etc.* (Sess. XXII, chap. II.)

Maury se tut et on passa aux voix. L'assemblée rejeta l'article en entier.

L'évêque de Nantes reprit donc sa lecture, en supprimant tout le passage de l'adresse relatif à l'excommunication.

Des observations s'entre-croisaient sur la rédaction nouvelle résultant de cette suppression, quand l'évêque de Soissons demanda qu'on passât outre. Du reste, le prince primat de Ratisbonne, jusque là silencieux, venait de demander qu'on introduisît, dans l'adresse, un paragraphe relatif à la suspension de l'épiscopat en Allemagne.

Cette motion, accueillie avec une défiance marquée par le Concile, ramena la discussion sur les quatre articles de la déclaration du clergé de France en 1682.

Quelqu'un dit que Bossuet, avec la masse des évêques de France, s'était rétracté. Mais, on lui répondit que les paroles de Bossuet qui ressemblent en effet à une rétractation ne portent que sur le point de savoir si l'assemblée de 1682 avait voulu faire un décret de foi. Bossuet dit non, mais il affirme, avec ses collègues, qu'ils ont toujours regardé les quatre articles comme l'expression de leur sentiment. La dispute fut vive entre les Italiens et les Français, le tout par le fait de l'évêque de Nantes, qui avait parlé de la nécessité de donner de la confiance à l'Empereur.

« On dispute beaucoup sur ces quatre articles, dit le rédacteur dont nous suivons les notes, M. de Tours les défend, M. de Nantes aussi, M. de Montpellier cite les lettres de Louis XIV. On met aux voix pour la conservation du troisième article. Elle est adoptée à la majorité. Les Italiens sont contre. »

La lecture continuant, on en vint à discuter les droits du Pape.

— Peut-il changer le droit public d'une Eglise sans son consentement?

La majorité gallicane répondit négativement, et on soutint que le Pape ne peut changer ce droit de sa propre autorité, assurant même qu'un successeur ne pouvait révoquer un droit de ce genre accordé à une Église par son prédécesseur.

Le cardinal Spina réfuta d'un trait cette doctrine :

— Vous observez le Concordat, dit-il, or, il y est dit que, quand même les évêques ne donneraient pas leur consentement, on passerait outre.

— Le Concile Général, reprit l'évêque de

Montpellier, a le droit de changer la discipline particulière d'une Eglise, mais, en fait, l'Eglise est trop sage pour le faire jamais, sans le consentement de l'Eglise particulière visée. Or, ajoute Mgr Fournier, lorsque l'Eglise ne peut pas s'assembler, le Pape, dans les cas de nécessité, a toute l'autorité du concile et il peut seul décider de la nécessité.

Le cardinal Spina soutint vivement le droit du Pape.

Le rédacteur, excédé de fatigue, s'arrête ici et écrit mélancoliquement :

« On continue la lecture, on est las. »

VIII

LA CINQUIÈME CONGRÉGATION GÉNÉRALE

I

Le 27 juin, le Concile se réunit de nouveau en congrégation générale.

L'archevêque de Turin célébra la messe, puis la séance s'ouvrit. Dans des conversations particulières, M. de Pradt, qui avait reçu les confidences de l'Empereur, faisait remarquer que le Concile s'égarait, en prolongeant ainsi les débats sur un point en somme secondaire.

— L'objet unique et exclusif du Concile, disait l'archevêque de Malines, est de régulariser l'ordre de l'institution canonique et de pourvoir à ce que désormais elle ne puisse être arrêtée par aucune autre cause que les empêchements opposés par le Pape aux impétrants. La question élevée entre le Saint-Siège et le prince est là tout entière. Le reste ne comprend que des accessoires.

C'était vrai. Mais l'erreur de M. de Pradt était sans doute de croire que ses collègues ne le voyaient pas aussi clairement que lui. Seulement, il ne leur plaisait pas d'aller aussi vite en besogne que le voulait César, et gagner du temps n'était pas une tactique si maladroite, en présence d'un soldat couronné, qui pensait pouvoir mener avec une rapidité militaire les affaires les plus délicates de l'Eglise.

La séance ouverte, l'ordre du jour appelait la lecture de l'adresse, telle qu'elle devait être maintenant remise au point, après les amendements et retranchements votés dans les séances précédentes.

L'évêque de Nantes fit cette lecture. La voici, telle que nous la trouvons dans les papiers du cardinal Fesch et telle qu'elle fut lue à la congrégation du 22. Le document est long, mais il est important, et nous ne saurions nous borner à une simple analyse :

« Sire,

« Les cardinaux, archevêques et évêques de l'empire français et du royaume d'Italie, réunis en Concile National par ordre de Votre Majesté Impériale et Royale, viennent porter au pied du trône l'hommage de leur reconnaissance.

« Et quelle circonstance plus propre que cette réunion même à nous rappeler les bienfaits de Votre Majesté ! Assemblés de toutes les parties de ses vastes États, nous nous instruisons mutuellement de tout ce qu'Elle a fait dans nos Eglises pour le rétablissement de la religion catholique, pour l'entretien de ses ministres, pour la décence de son culte, pour le maintien de sa discipline.

« Le Concordat, auquel nous devons la liberté et la publicité du culte de la religion catholique, apostolique et romaine, était un premier bienfait digne de toute la reconnaissance du clergé et des peuples soumis à votre domination.

« Mais Votre Majesté ne s'est pas bornée à remplir les obligations qu'Elle s'était imposées par cette mémorable transaction. Chaque année de son règne a été marquée par des concessions importantes qui n'étaient pas renfermées dans les engagements pris avec le Souverain Pontife, et qui n'ont pu lui être suggérées que par son zèle pour la religion catholique et son amour pour ses peuples.

« Dotation des vicaires généraux et des chapitres ; trente mille succursales également dotées par l'Etat ; bourses fondées dans tous les diocèses en faveur des études ecclésiastiques ; édifices nationaux ou sommes considérables accordées à un grand nombre d'Evêques pour l'établissement de leur séminaire ; exemption de la conscription pour les étudiants présentés par les Evêques comme aspirants à la prêtrise ; invitation aux conseils généraux des départements de suppléer au traitement des Evêques, des vicaires généraux et des chapitres, et de pourvoir aux besoins du culte et de ses ministres ; décrets tendants à restituer aux fabriques une partie des revenus qu'elles avaient perdus ; rétablissement des congrégations vouées par leur institut à l'enseignement gratuit et au soulagement de la classe indigente ; décret qui donne aux congrégations hospitalières une auguste et puissante protectrice dans la personne de Son Altesse Impériale Madame Mère ; secours annuels qu'elles reçoivent du gouvernement ; retraite honorable accordée aux Evêques par l'érection du chapitre de Saint-Denis : et tant d'autres grâces qu'il serait trop long de rapporter.

« Telles sont les preuves multipliées de la protection que Votre Majesté accorde à l'Eglise et à ses ministres. Mais, Sire, nous ne craignons pas de le dire, cette protection ne signale pas moins votre sagesse que votre piété. Une religion dont les dogmes donnent à la morale des fondements inébranlables, des principes invariables et certains, des motifs supérieurs à l'intérêt des passions, une religion qui consacre et sanctionne les lois conservatrices de la société, qui place en quelque sorte sur la même ligne ce qui est dû à Dieu et ce qui est dû au prince ; une religion dont l'esprit, les préceptes et toutes les institutions ne respirent que la paix, l'amour de l'ordre et de la charité, est le plus grand bienfait que la Providence ait accordé aux peuples et aux souverains.

« Votre Majesté ne confondra pas avec la doctrine et l'enseignement de l'Eglise des opinions nées et accréditées dans ces siècles où les principes du droit public, ainsi que ceux de toutes les autres sciences, n'étaient pas assez connus, des opinions qui n'ont jamais passé

en dogme et contre lesquelles de grands Evêques et des Eglises célèbres ont toujours réclamé. Elle n'imputera pas à la religion catholique des entreprises désavouées par les maximes de l'Evangile, par les témoignages exprès
et par la conduite des saints Pères et des Papes
pendant les dix premiers siècles du christia-
nisme.

« Les bornes qui séparent les deux puissances ont été posées par Jésus-Christ lui-même,
et le clergé de France en 1682 n'a fait que rappeler l'ancienne et constante doctrine de
l'Eglise dans le premier article de sa déclaration.

« Après avoir condamné les erreurs de ceux
« qui, sous prétexte de défendre nos libertés,
« ont la hardiesse de donner atteinte à la pri-
« mauté de saint Pierre et des Pontifes romains,
« ses successeurs institués par Jésus-Christ,
« d'empêcher qu'on ne leur rende l'obéissance
« que tout le monde leur doit, et de diminuer
« la majesté du Saint-Siège apostolique, qui est
« respectable à toutes les nations où l'on en-
« seigne la vraie foi de l'Eglise, et qui conser-
« vent son unité, l'assemblée déclare :

« Qu'à saint Pierre et à ses successeurs, Vi-
« caires de Jésus-Christ, Dieu a donné la

« puissance dans les choses spirituelles et qui
« appartiennent au salut, mais non dans les
« choses civiles et temporelles, le Seigneur
« ayant dit : *Mon royaume n'est pas de ce*
« *monde;* et encore : *Rendez donc à César ce*
« *qui est à César, et à Dieu ce qui est à Dieu.*
« C'est aussi le précepte de l'apôtre : *Que*
« *toute personne soit soumise aux Puissances*
« *supérieures : car il n'est aucune puissance qui*
« *ne vienne de Dieu. Les puissances qui exis-*
« *tent, c'est Dieu qui les a ordonnées. C'est*
« *pourquoi celui qui résiste à la puissance,*
« *résiste à l'ordre que Dieu a établi.* Donc, les
« rois et les princes, en ce qui concerne le
« temporel, ne sont soumis, par l'institution
« divine, à aucune puissance ecclésiastique.
« Ils ne peuvent être déposés par l'autorité
« des chefs de l'Eglise, ni directement ni indi-
« rectement, et leurs sujets ne peuvent être
« dispensés de la foi et de l'obéissance qu'ils
« leur doivent, ni être déliés du serment de
« fidélité qu'ils leur ont prêté. Et qu'il faut
« s'attacher à cette doctrine, comme nécessaire
« à la tranquillité publique, et comme entière-
« ment conforme à la parole de Dieu, à la tra-
« dition des Pères, et aux exemples des
« saints ».

« La distinction des deux puissances, établie en principe, il s'ensuit nécessairement que l'Eglise et ses ministres n'ont, par l'institution divine, aucune juridiction dans les causes d'un ordre politique et où il ne s'agit que d'intérêts temporels.

« Si la puissance ecclésiastique, sous le prétexte d'injustice et de péché, se croyait en droit d'intervenir dans les procès des particuliers, et dans les querelles des souverains, il serait à craindre qu'elle n'envahît tous les pouvoirs politiques; que la religion ne se trouvât mêlée à tous les intérêts de ses ministres; et que cette religion de paix et de charité ne devînt un instrument de troubles.

« Dans cette doctrine qui a toujours été celle de l'Eglise gallicane, le clergé de votre Empire et de votre Royaume d'Italie offre à Votre Majesté une garantie assurée contre tout ce que la puissance ecclésiastique pourrait entreprendre au préjudice de l'indépendance et de l'honneur de sa couronne.

« L'assemblée de 1682 ne s'est pas bornée à établir les droits imprescriptibles des souverains. Elle a encore pourvu au maintien de ces libertés qui ont toujours été si chères à l'Eglise gallicane. Elle en a posé les fondements

par ce troisième article de sa déclaration où
il est dit :

« Qu'il faut régler l'usage de la puissance
« apostolique, en suivant les canons faits par
« l'esprit de Dieu et consacrés par le respect
« général de tout le monde; que les règles,
« les mœurs et les constitutions reçues dans
« le royaume et dans l'Eglise gallicane, doi-
« vent avoir leur force et vertu, et les usages
« de nos pères demeurer inébranlables; qu'il
« est même de la grandeur du Saint-Siège
« apostolique que les lois et les coutumes éta-
« blies du consentement de ce siège respecta-
« ble et des Eglises subsistent invariable-
« ment. »

« En vertu de cette maxime que nous ne
prétendons pas appliquer à ces cas extraordinaires où les lois positives cèdent à la nécessité, le droit public d'une Eglise ne peut être
changé que du consentement de cette Eglise,
et du souverain qui est son protecteur né, le
défenseur et le gardien des canons. Ce qu'un
Pape aurait statué sur la demande de l'Empereur et du clergé de son empire, ne pourrait
être révoqué de la seule autorité de ses successeurs. Ainsi, la discipline d'une Eglise devient nationale, s'incorpore avec le droit public

et se trouve toujours d'accord avec les intérêts de l'État.

« Sire, nous devions à Votre Majesté une déclaration franche et loyale de nos principes. Nous les avons puisés dans les sources les plus pures. Nous les croyons propres à rétablir et à conserver l'accord si désirable entre les deux puissances que Dieu a instituées pour le gouvernement du genre humain. Partout où s'étend la domination de Votre Majesté, ces principes font partie de l'instruction ecclésiastique. Bientôt, il ne restera plus aucune trace des opinions contraires. L'autorité de l'Eglise et de ses ministres une fois bien connue et renfermée dans les bornes que Jésus-Christ lui a prescrites, les souverains reconnaîtront que, loin d'affaiblir leur puissance et d'en gêner l'exercice, cette autorité est un des plus fermes appuis de leur trône, parce qu'en maintenant l'unité et l'invariabilité de la religion, elle prévient les innovations qui ne s'introduisent jamais dans le culte public, sans en ébranler les fondements et sans troubler la tranquillité des empires. »

II

La lecture de l'adresse terminée, l'un des secrétaires, Mgr Nava, évêque de Brescia, demanda à faire quelques réflexions. « Il fait, dit un peu dédaigneusement le sténographe à qui cette intervention inattendue est évidemment déplaisante, il fait une espèce (*sic*) de discours dans lequel il s'élève avec force sur cette manière d'adresse, qui est doctrinale. » D'après lui, « il n'est pas opportun de parler de ces questions en si peu de temps. Il veut qu'on ne parle que de respect et de reconnaissance, et voilà tout. Il cite les canons et saint Augustin : *in dubiis libertas* ». Puis le rédacteur de ces notes, qui seront bientôt transformées en procès-verbal, conclut : « Ce discours est italien. Il paraît très fort. »

Mais l'évêque de Brescia n'avait pas fini. Aussi, le secrétaire reprend son crayon et il écrit de nouveau : « Il veut soumettre quelques réflexions de principes. Rien de plus juste que les sentiments de la reconnaissance. Il applaudit donc à la première partie de l'adresse. Mais ce n'est qu'une adresse de compliment. Si on doit faire une adresse de doctrine, elle doit être soumise à des congrégations particulières, puis venir en congrégation générale. »

Ici, le rédacteur s'interrompt pour faire une constatation : « Le bureau, dit-il, *se parle..* L'évêque de Nantes, le cardinal Maury, le Ministre des Cultes... » C'est que « des bravos sont partis du coin de la salle (1). On a imposé silence ».

L'évêque de Brescia cependant continuait son courageux discours. « Il dit que faire passer ainsi l'adresse serait s'exposer à une division. Il dit formellement que ce serait une violence manifeste de vouloir les obliger à signer, ce serait vouloir les compromettre que de les obliger à signer une adresse dont ils ont réfuté les propositions et la doctrine avant d'être évêques. Il proclame que les quatre articles sont combattus dans l'Eglise d'Italie, et demande en conséquence... » Ici s'arrêtent les

---

1. Ces applaudissements éclatèrent pendant la lecture de la traduction française du discours italien de Mgr Nava. C'est le cardinal Spina qui fit cette traduction.

notes. Il est facile d'y suppléer, quand on entend le cardinal Maury répondre : 1° en demandant qu'on n'applaudisse pas ; 2° en rappelant que les quatre articles sont lois de l'Etat et qu'ainsi on ne doit pas les combattre. On ne souffrira pas qu'ils soient combattus.

Les prétentions de Maury furent vivement relevées. « On lui répond, disent les notes, qu'on ne les considère pas comme lois de l'Etat, mais comme opinions, et en ce qu'ils ont de rapport avec la conscience. »

Le cardinal Fesch intervint pour dire qu'il ne s'agit pas de discuter, mais de savoir : 1° si la majorité a adopté l'adresse ; 2° s'il faut la signer.

On réclama une nouvelle lecture, et l'évêque de Nantes la fit. Or, disent les notes, « il y a eu de la finesse à ne pas laisser continuer la discussion, mais de la couper par la lecture. Cette lecture a, en effet, calmé les esprits, qui commençaient à se ranger du côté de l'évêque de Brescia, en ce qu'il disait qu'il était plus sage de faire abstraction de tout ce qui pouvait être objet de discussion. » Et le rusé rédacteur ajoute : « La lecture a calmé, soit par les amendements, soit par le temps qui accommode tout. Pendant ce temps, on s'est parlé, l'archevêque (nommé) de Florence, le bureau de police, quelques autres... »

Puis les notes ajoutent : « Voilà la lecture italienne finie. Cette adresse est en effet bien longue... Observations et corrections peu considérables. » Le lecteur y avait sans doute concouru; car les notes observent que « pendant la lecture, l'évêque (de Nantes) a déclaré que l'Empereur lui avait manifesté ses intentions qu'on s'expliquât sur les quatre articles et sur la doctrine. »

III

Le moment était donc venu d'aller aux voix.

« Le président déclare qu'on abandonne la signature. » L'archevêque de Tours et l'évêque de Namur (Mgr Pisani de la Gaude) demandèrent qu'elle fût signée seulement par le président et les secrétaires, ce qui, dit Mgr de Broglie dans son *Journal*, « fut adopté avec joie ».

Restait la question de savoir comment on

approuverait. Sera-ce par *placet* ou *non placet*, par assis ou levé?

Le cardinal Maury, préjugeant la question, dit qu'on se lèverait et qu'on dirait tout haut son sentiment.

L'évêque de Montpellier, se levant aussi, répondit au cardinal que, rien n'ayant été décidé sur cet article, il faudrait auparavant entendre le rapport de la commission sur cet objet. On l'approuve; et il donne lecture de ce rapport.

« Il lit, dit le rédacteur, le rapport, qui semble bien fait et qui rapporte la coutume ancienne, celle de Constance, celle de Bâle. Il conclut : 1° que le concile a le droit de déterminer le mode de donner les voix, et 2° ensuite il conclut aux trois quarts des voix. Le concile de Trente a rétabli (sur ce point) l'ancienne discipline (dans ses règlements) sur la manière de voter. Les trois quarts valent mieux (1).

---

1. Voici les articles du « Projet de règlement sur la manière de discuter et décider les questions qui seront soumises à la décision du concile », tels qu'ils furent rédigés par Mgr Charles Brault, évêque de Bayeux, et qui concernaient le point en litige :

Art. 9. — Si la proposition faite par le président est relative à quelque affaire sommaire de discipline ou de règlement intérieur, elle pourra être aussitôt adoptée par

« Après la lecture du rapport, on peut mettre l'adresse aux voix. Mais le président ne veut pas qu'on adopte le rapport, pour (la manière de voter) l'adresse. Il propose la majorité absolue. On consulte l'asssemblée (pour savoir) si, pour cette fois seulement, on accepte qu'elle sera adoptée par assis et levé. Oui, adopté.

« On met aux voix l'adresse. Elle passe à l'unanimité. »

---

acclamation ; mais si dix des Pères s'opposent à ce qu'elle soit mise de suite en délibération, elle sera renvoyée à la commission centrale.

Art. 14. — Si le comité central, après avoir examiné le rapport de chaque congrégation particulière, ne voit point les trois quarts des voix réunies pour le même avis, il travaillera de nouveau la question et il enverra son travail aux congrégations particulières.

Art. 15. — Lorsque la commission centrale verra les trois quarts des voix réunies pour le même avis, elle dressera le rapport du décret suivant ses avis.

Art. 16. — Le projet de décret sera lu dans une congrégation générale, où chaque Père du concile pourra venir faire ses observations, après lesquelles les secrétaires recueilleront les votes par écrit.

Art. 17. — Si les trois quarts des voix se réunissent en faveur du projet de décret, il sera approuvé, arrêté et lu dans la prochaine session publique.

Art. 18. — Si l'on ne peut obtenir cette majorité des trois quarts, la question restera indécise.

Quand le résultat du vote est proclamé
« quelques-uns » protestent et « disent qu'on
n'a pas entendu ».

IV

Le vote acquis, « on propose de faire la lecture du mandement ». Nous en avons déjà
parlé assez longuement pour n'y plus revenir
ici. Qu'il nous suffise de noter que les délibérants s'accordèrent à l'unanimité pour le faire
imprimer et distribuer, afin de le discuter en
séance plénière.

Cette séance ne devait plus avoir lieu qu'à
long intervalle, et de graves incidents se produisirent avant cette réunion.

IX

LA COMMISSION DU MESSAGE

I

On se souvient que le comité chargé de préparer une réponse au message de l'Empereur lu par le Ministre des Cultes au début du concile, se composait des cardinaux Fesch, Spina et Coselli; des archevêques de Bordeaux et de Tours, et des évêques de Nantes, de Comacchio, d'Ivrée, de Tournay, de Trèves, de Gand et Troyes.

Le moment était venu, pour cette commission, de préparer son travail, qui devait être laborieux. C'est en effet l'épisode le plus mouvementé du Concile. En outre du *Journal* de l'évêque de Gand, qui note les incidents au jour le jour, quelquefois cependant avec quelques erreurs dans l'ordre chronologique, sans doute parce qu'il écrit de souvenir, nous avons les notes personnelles du cardinal Fesch et les communications confidentielles qu'il reçoit de l'Empereur ou de ses collègues. A l'aide de ces éléments d'information, nous allons essayer de rétablir la véritable physionomie des délibérations de ce comité, qui devait provoquer un coup brutal du maître, irrité de résistances imprévues.

A la première séance, Mgr Duvoisin, toujours courtisan, avait osé proposer d'en référer à l'Empereur, toutes les fois que les débats amèneraient une difficulté, et un doute que la manière de la trancher ne lui fût pas agréable. L'évêque de Gand bondit :

— Monseigneur, interrompit-il, que sommes-nous ici? des mandataires du Concile. C'est à lui seul que nous devons rendre nos comptes. Et certes, le Concile n'a pas entendu que notre commission ou quelques-uns de ses membres traitassent sans autorisation de lui avec l'Empereur.

Personne cependant n'osait ouvrir le feu. L'évêque de Nantes n'osait pas produire une rédaction, il sentait que huit de ses collègues inclineraient toujours du côté le plus favorable au Saint-Siège. Enfin, après beaucoup d'hésitations, de dires en sens contraires, Mgr Duvoisin se déclara chargé par l'Empereur de porter à la commission les deux questions suivantes, exigeant que la réponse lui fût communiquée directement, avant de l'être au concile :

1° Le comité croit-il que le Concile soit compétent pour répondre au message de l'Empereur (institution canonique des évêques en dehors du Pape) ?

2° Le Concile est-il disposé à demander à l'Empereur d'introduire dans un nouveau concordat (l'ancien étant déclaré aboli), une clause qui prévienne désormais tout refus arbitraire de la part des papes?

On avait enfin une base de discussion. Dès la seconde séance, l'archevêque de Bordeaux ouvrit le feu.

II

Il prouva, par l'histoire des assemblées du clergé en France, que jamais une Eglise particulière n'avait osé prendre une pareille décision sans le Pape.

L'évêque de Tournay, Mgr Hirn, lut ensuite un mémoire, nourri de faits et de considérations théologiques inattaquables. Il montra le trouble et la division introduits dans les esprits et se déclara contre la compétence du Concile en matière d'institution canonique.

Un mot du cardinal Fesch révéla tout à coup le secret des concessions que les trois députés de Savone avaient obtenues de Pie VII. Surpris, l'évêque de Nantes voulut parer le coup, et révéla de son côté que le Pape paraissait mécontent de les avoir faites et qu'il avait dit au préfet de Savone : « Heureusement, je n'ai rien signé. »

L'archevêque de Tours, que ce commencement de désaveu de la part du Pape jetait dans une vive irritation, s'écria :

— Mais enfin, il faut sauver l'Eglise, et avoir des évêques.

— Oui, lui répliquait-on de toutes parts, mais des évêques catholiques, et non schismatiques, ou du moins douteux quant à leur institution et aux pouvoirs qui en émanent.

Ce mot de schismatique déplut à Mgr de Barral. Il s'en prit à l'évêque de Gand et le « bourra » d'importance pendant un quart d'heure :

— Monseigneur, répliqua Mgr de Broglie, j'aurais trouvé très simple que vous m'eussiez averti qu'une de mes expressions vous avait déplu ; mais, quant à supporter pareil sermon de votre part, je ne le dois pas, car enfin, si vous êtes archevêque, je suis évêque.

L'incident finit par des excuses, mais le mémoire lu par l'évêque de Gand était si fort, que les opposants eux-mêmes furent contraints de l'avouer.

III

Le lendemain, troisième séance. Le cardinal Fesch l'ouvrit par la lecture d'une lettre de M. Bigot de Préameneu, où le Ministre des Cultes disait :

« Sa Majesté m'a donné l'ordre de vous faire savoir, comme président de la commission pour répondre au message, qu'il est dans son intention que la question de compétence soit d'abord traitée, et si la commission est d'avis de l'incompétence, que cette question soit de suite portée au Concile (1). »

---

1. Voici, d'après une note conservée par le cardinal Fesch, le texte authentique de la QUESTION DE L'EMPEREUR :

« Le comité croit-il que le Concile soit compétent pour répondre au message de l'Empereur, en prononçant, dans les circonstances actuelles où l'Empereur déclare le concordat aboli, sur la manière de donner l'institution canonique aux Évêques, sans l'intervention du Pape?

« L'Empereur désire que le Concile, appelé à délibérer sur la question précédente, regarde le concordat comme abrogé de fait, mais il permet que le Concile lui demande le rétablissement du concordat, à la charge d'y insérer

Les débats furent très vifs, nous n'y entrerons point. On peut les lire dans le *Journal* imprimé de l'évêque de Gand. Mais le procès-verbal sommaire du cardinal Fesch, inédit, donne exactement la physionomie de cette séance et de celle du lendemain 5 juillet. Le voici, tel que nous le copions sur la minute autographe :

« Le comité, pensant à la pluralité que le Concile, dans l'état actuel, est incompétent pour prononcer sur la manière de donner l'institution aux Evêques nommés, sans l'autorisation préalable du Pape, même par mesure provisoire, on propose la question suivante :

une clause qui prévienne désormais tout refus arbitraire de la part des papes, et l'Empereur est disposé à y consentir. Alors il permettra qu'il soit envoyé au Pape une députation, composée d'un certain nombre de cardinaux et d'évêques chargés de lui porter le décret du Concile. Dans le cas où le Pape y acquiescerait, tout serait terminé, même à la satisfaction de l'Empereur, et si le Pape s'y refusait, le droit de donner les institutions canoniques provisoirement, et jusqu'à la décision d'un concile œcuménique, serait dévolu aux Métropolitains, en vertu du décret du Concile.

« On peut espérer que si le Pape futur, en cas de refus du Pape actuel, accédait au décret du concile, le concordat pourrait être renouvelé avec la clause. »

« Supposant la députation obtenue (1) avant tout décret du Concile, il n'est pas douteux que l'Empereur y mette pour condition que, dans le cas où le Pape refuserait d'accéder à la demande du Concile, il serait nécessaire que le Concile déclarât qu'il se croirait autorisé à pourvoir par lui-même à la manière de donner l'institution.

« La question proposée en ce moment est de savoir si le comité estime que le Concile se croit suffisamment autorisé à prendre cette résolution. Il est évident que l'on supposerait que le Pape aura tous les moyens de conseil et autres pour faire les expéditions nécessaires, sauf toujours le droit de ses successeurs et du Saint-Siège. »

Après ce résumé, manquant, comme on voit, de netteté, le cardinal Fesch inscrivit, sur deux colonnes, le résultat des votes, que nous copions littéralement.

VOTE DU 4 JUILLET		VOTE DU 5 JUILLET
Oui	MM. Fesch	Oui
Oui	Spina	Non

1. La commission était en effet décidée à demander qu'avant de se prononcer sur cette grave question, le Concile envoyât une nouvelle députation au Pape,

VOTE DU 4 JUILLET		VOTE DU 5 JUILLET
Oui	Caselli	Non
Non	de Bordeaux	Non
Oui	de Tours	Oui
Non	de Tournay	Non
Oui	d'Ivrée	Non
Non	de Comacchio	Non
Oui	de Nantes	Oui
Oui	de Trèves	Oui
Non	de Gand	Non
Oui	de Troyes	Non

Autre vote dans la séance du 5 juillet.

On avait posé les questions suivantes :

« Premier cas. — Peut-il arriver un cas, abstraction faite des circonstances actuelles, où un Concile National soit autorisé à établir un mode provisoire, et avec les réserves nécessaires, pour *instituer* les Evêques sans l'intervention préalable du Pape ?

« Deuxième cas. — Cas du Pape mort. Passé dix ans, le Concile National peut-il annuler et établir ce que ci-dessus (1) ? »

---

1. Bordeaux dit non, le motivant sur ce que les cas métaphysiques étaient des chimères, et qu'il est de foi que l'Église aura toujours un chef et des évêques. — Quand Fesch me demanda mon vote, je dis non, en le

Le texte des questions écrit de sa main, le cardinal inscrit à la suite les votes. Nous continuons à copier textuellement son autographe.

	PREMIER CAS	DEUXIÈME CAS
Fesch	Oui	Oui
Caselli	Oui	Non
Spina	Oui	Non
de Bordeaux	Non	Non
de Tours	Oui	Oui
de Comacchio	Oui	Non
d'Ivrée	Oui	Non
de Tournay	Non	Non
de Trèves	Oui	Oui
de Nantes	Oui	Oui
de Gand	Non	Non
de Troyes	Oui	Non

Toutes ces subtilités n'aboutissant à rien, le cardinal président termina la discussion en

motivant sur ce qu'il était contraire aux promesses de Jésus-Christ de supposer l'hypothèse chimérique dont il s'agissait, puisqu'il était de foi qu'il serait avec les apôtres, tous les jours, jusqu'à la consommation des siècles. Troyes dit : Monseigneur, mettez pour moi oui ou non comme vous voudrez ; tout cela me semble indifférent et chimérique. (Mgr DE BROGLIE, *Journal cit.*)

proposant de signer la pièce suivante, ce qui eut lieu aussitôt :

« La congrégation particulière, nommée par le Concile pour répondre au message de Sa Majesté, pense que le Concile, avant de se prononcer sur les questions qui lui sont proposées, pour se conformer aux règles canoniques observées de tous les temps dans l'Eglise, ne peut se dispenser de solliciter, auprès de Sa Majesté, la permission d'envoyer au Pape une députation qui lui expose l'état déplorable des Eglises de l'Empire français et du Royaume d'Italie, et qui puisse conférer avec Sa Sainteté sur les moyens d'y remédier.

« Paris, le 5 juillet 1811.

Signé   J. Card. Fesch, président.
         J. Card. Spina, archevêque de Gênes.
         Ch. Fr. Card, Caselli, évêque de Parme.
         † Ch. Fr. archevêque de Bordeaux.
         † L. M., archevêque de Tours.
         † Grégoire, évêque de Comacchio.
         † Joseph-Marie, évêque d'Ivrée.
         † Charles, évêque de Trèves.

† François-Joseph, évêque de Tournay.

† J.-B., évêque de Nantes.

† Maurice, évêque de Gand.

† Et.-Antoine, évêque de Troyes.

IV

Le cardinal Fesch prévoyait juste, quand il annonçait aux délibérants que ces votes irriteraient vivement l'Empereur et le porteraient à de terribles extrémités. Nous avons raconté tout au long, dans la vie du cardinal, la scène qui lui fut faite à Saint-Cloud et les grossières injures qui accueillirent sa défense des délibérations du comité. Mais, à ce moment, nous n'avons pu reproduire l'histoire de cette scène, racontée même par Mgr Fesch et conservée par lui dans ses archives personnelles.

Le papier où le malheureux cardinal a jeté ses premiers souvenirs, porte en intitulé ces mots : *Autre projet de décret dicté par Sa Majesté dans la discussion du 6 juillet 1811, au*

*matin, lorsque je lui disais que le Concile se dé-
clarerait incompétent pour donner les bulles, le
Pape ayant promis de les donner, ce qui détrui-
sait la nécessité, et que d'ailleurs il fallait l'entendre, etc., etc.*

« Napoléon etc., etc.

« L'épiscopat étant d'institution divine et
les décrets des conciles et des canons ayant
décidé que les Églises ne peuvent rester vacantes plus de trois mois, étant nécessaire
qu'il soit pourvu à l'institution et à la nomination des Evêques, le conseil décrète :

« ARTICLE PREMIER. — Si l'Empereur, à qui
il appartient par le concordat de nommer aux
sièges vacants, laisse passer trois mois sans y
nommer, le métropolitain procédera à la nomination, sur la présentation de trois candidats
faite par le chapitre.

ART. 2. — Si, l'Empereur ayant nommé,
dans les trois mois le Pape se refusait de donner l'institution canonique, elle serait donnée
par le métropolitain. »

« Ensuite, écrit le cardinal Fesch, l'Empereur m'a proposé, ou que le Concile se déclarât
compétent, qu'il fît le décret compris dans les
pièces des jours précédents, et alors il permettrait la députation pour porter le décret

par lequel le Concile de son propre mouvement... et conserverait le concordat; ou que le Concile se déclarât incompétent, le concordat aboli, et qu'il envoyât une députation, pour que le Pape donne le pouvoir aux métropolitains d'instituer, l'Empereur nommant, ou les conciles provinciaux.

« Du reste (Sa Majesté ajouta) que la Commission que lui, Empereur, avait assemblée chez le Grand Juge, des Ministres des Cultes et d'autres, y avait établi que l'Empereur nommerait à chaque vacance de siège, que le procureur général de la Cour impériale du ressort de l'évêché vacant, requerrait le métropolitain de demander l'institution; à son refus, le procureur impérial constaterait la vacance du siège, le chapitre nommerait son grand vicaire, les préfets nommeraient aux cures, on fermerait le séminaire en renvoyant les séminaristes dans un autre diocèse, suppression du petit séminaire, confiscation des biens de l'évêché et des séminaires, etc., etc. »

On voit combien toute cette incohérence sent son despote impatienté de résistances auxquelles il n'est point habitué. Nous y trouvons aussi la preuve que la célèbre dictée de Napoléon, qui, d'après les mémoires, aurait rempli d'admiration le cardinal Fesch et l'évêque de Nantes, ne fut pas autant de premier jet qu'on l'a dit. La vérité est que, le cardinal ayant demandé au sieur Aldini de lui transmettre une pièce mise au net et arrêtée définitivement, celui-ci, le jour même, en l'accompagnant d'une lettre que nous avons sous les yeux, envoya au Président du Concile le document suivant, en tête duquel Mgr Fesch a écrit de sa main : *Dicté par Sa Majesté le 6 juillet.*

« Le rapport de la Commission doit être fait sur les bases suivantes :

« 1° Que l'Empereur ayant le droit de nommer aux évêchés vacants, son droit se trouve nul, si l'institution peut leur être refusée par d'autres raisons que les cas prévus par le Concordat de Léon X.

« 2° Que Sa Majesté ayant réitéré plusieurs fois la demande de l'institution canonique qui a été refusée, Elle a pu être autorisée à regarder le Concordat comme non existant, et à réunir un Concile, pour qu'il pourvoie à l'institution canonique des Evêques.

« 3° Que le conseil des Evêques qui étaient à Paris et qui avait été consulté sur ces matières par Sa Majesté, ayant obtenu d'envoyer au Pape une députation de quatre Evêques, cette députation a levé toutes les difficultés ; que le Pape a daigné entrer dans les besoins de l'Eglise et dans les circonstances ; qu'il a formellement promis l'institution pour les Evêques vacants ; et approuvé la clause que si, dans l'espace de six mois, lui ou ses successeurs ne donnaient pas l'institution aux Evêques, le métropolitain la donnerait ; que cela étant, le but de l'Empereur se trouve rempli ; que les évêchés de son Empire ne peuvent plus rester vacants ; que l'Empereur voulait trois mois ; que, le Pape en demandant six, cette différence n'est pas de nature à faire rompre l'arrangement déjà conclu, qu'on propose au Concile le décret ci-joint ; que lorsqu'il sera adopté, il sera présenté par le Concile en corps à l'Empereur, pour le remercier et le supplier d'approuver le dit décret et de le faire publier comme loi de l'Etat.

« Le Concile décrète :

« 1° Que les évêchés ne peuvent rester vacants plus d'un an pour tout délai, et que, dans cet espace de temps, la nomination, l'institution et la consécration doivent avoir lieu ;

« 2° Que l'Empereur nommera, conformément au Concordat, à tous les sièges vacants ;

« 3° Que, six mois après la nomination faite par l'Empereur, pour tout délai, le Pape donnera l'institution canonique ;

« 4° Que, les six mois expirés, le métropolitain se trouve investi par la concession même faite par le Pape, et devra procéder à l'institution canonique et à la consécration ;

« 5° Que le présent décret sera soumis à l'approbation de l'Empereur, pour être publié comme loi de l'Etat ;

« 6° Que Sa Majesté sera suppliée par le Concile de permettre à une députation des Evêques de se rendre auprès du Pape, pour le remercier d'avoir, par cette concession, mis un terme aux maux de l'Eglise, etc. »

V

Quand il fut en possession de cette « dictée impériale » (1), le cardinal Fesch crut tout

---

1. M. d'Haussonville et d'autres supposent que, la dictée faite sous les yeux du cardinal, l'Empereur lui aurait dit :

sauvé. Il arriva le lendemain, 2 juillet, qui était un dimanche, au sein de la commission du Message, tout joyeux et sûr du succès. Effectivement, la première impression fut favorable au dessein de l'Empereur. L'archevêque de Bordeaux eut beau soutenir l'avis contraire, la considération que le Pape avait en définitive donné son approbation, l'emporta sur les scrupules du reste de la Commission, et le projet fut adopté, tel que l'Empereur l'avait dicté à Aldini.

L'Evêque de Gand, dans son *Journal*, a raconté par le détail cette mémorable séance, qui marquait un pas de plus vers le schisme, ou tout au moins vers l'ingérence omnipotente du pouvoir civil dans les conditions mêmes de la vitalité de l'Eglise. Nous ne saurions reproduire tout ce récit, qui est fort long et qui a déjà été publié. Nous nous bornons aux pièces conservées dans le dossier du cardinal Fesch. Deux lettres, dignes de confesseurs de la foi, y conservent le témoignage de l'anxiété d'âmes vraiment épiscopales.

La première est de l'évêque de Gand et elle

« Emportez cela et maintenant tout est fini. » La lettre d'envoi du secrétaire Aldini remet les choses au point.

est adressée au cardinal Fesch, à la date du
8 juillet.

« Monseigneur. — Après avoir mûrement
réfléchi au parti que j'ai pris de retirer le
vote que j'avais donné, mais seulement pour la
question d'aujourd'hui, j'ai vu que les seules
considérations humaines avaient pu me faire
pencher de ce côté. Ce motif m'a semblé ne
pouvoir être admis par un évêque. Ainsi je
viendrai demain m'occuper à la commission
de ce qui reste à faire sur l'objet dont il
s'agit. Quant à me retirer de la commission, je
ne le peux ni ne le dois, d'après la judicieuse
observation de Mgr de Tournay, qu'étant à la
Commission en qualité de mandataire du Concile, je ne pourrais m'en retirer qu'avec son
consentement. J'ai déjà déclaré pendant la
séance adhérer à cette remarque évidente de
mon respectable collègue. Je suis extrêmement
reconnaissant de la nouvelle marque de bonté
et d'amitié que Votre Altesse Eminentissisme a
bien voulu me donner dans cette occasion, et
j'ose la prier de croire au respectueux attachement avec lequel, etc. ✝ Maurice, évêque
de Gand.

« J'ai pris, Monseigneur, cette résolution,
d'après mes seules réflexions. »

La rétractation de l'évêque de Tournay est en forme :

« François-Joseph Hirn, Evêque de Tournay.

« 1° — Considérant que le projet de décret dont il a été question dans la séance d'hier 7 juillet, de la Commission des Onze du Concile, est en contradiction manifeste avec le fait de la dite Commission, qui, à la pluralité de huit voix contre quatre, s'est déclarée incompétente pour porter un tel décret;

« 2° — Que cette déclaration a été précédée de longues discussions sur le cas du décret qui est identiquement le même que Mgr l'Evêque de Nantes avait avancé dans la seconde proposition qu'il a déclaré n'être pas autorisé à communiquer aux autres Pères du Concile;

« 3° — Que conséquemment le Concile pourrait être par là induit en erreur sur la nature, l'importance et les suites du décret qu'il devrait porter;

« 4° — Que le projet de décret, bien loin de donner une garantie sur la validité de l'institution canonique dont il doit être la source, donne au contraire la certitude morale ou du moins des doutes effrayants sur le point capital de la validité de cette institution;

« 5° — Que la sanction de l'Empereur qui,

avant le départ de la députation vers le Pape, convertirait le décret en loi de l'Etat, laisserait ce décret dans sa nullité radicale, quant à la validité des pouvoirs spirituels;

« 6° — Que ce décret nul, se trouvant sanctionné par la puissance civile, augmenterait les obstacles, et rendrait beaucoup plus difficiles, pour ne pas dire impossibles, les autres mesures canoniques qui pourraient terminer cette affaire, de manière à assurer la validité de la juridiction des nouveaux évêques;

« 7° — Que le mal que je viens d'exposer arriverait nécessairement dans le cas où le Pape, justement offensé d'un décret par lequel ses inférieurs sembleraient vouloir lui faire la loi, vînt à refuser d'y acquiescer.

« 8° — Que le décret, restant nul par son refus, et étant appuyé d'un autre côté par tous les moyens de la puissance civile qui l'aurait sanctionné comme loi de l'Etat, et qui voudrait le maintenir, le faire admettre dans les diocèses, etc., remplirait l'Église gallicane de trouble et de confusion, et nous conduirait à un schisme inévitable;

« Pour ces raisons et beaucoup d'autres qu'on pourrait tirer surtout de la marche irrégulière de la Commission à l'égard du Concile à qui l'on semble vouloir laisser ignorer tout ce qui s'est passé depuis notre première assemblée jusqu'à celle du 7 de ce mois ;

« Je déclare que je révoque et que je regarde comme non avenu le consentement que j'ai donné hier à la confection du projet dont il s'agit.

« Fait à Paris, le 8 juillet 1811. — Signé : † François-Joseph, évêque de Tournay. »

VI

L'Empereur, contrairement à l'attente du cardinal Fesch, ne s'offensa point de ces rétractations, et le procès-verbal de la séance du 8 juillet constate le succès qu'elles eurent au sein du Comité :

« La congrégation particulière nommée par le Concile, pour répondre au message de Sa Majesté, ayant délibéré sur le projet de rapport et de décret qui lui a été présenté par S. A. le cardinal Fesch et Mgr l'archevêque de

Tours (1), estime que le décret susdit, avant
d'avoir force de loi, devrait être soumis à l'approbation de Sa Sainteté, attendu : 1° que la
concession de Sa Sainteté n'est pas dans les
formes; — 2° que l'addition qu'on désire relativement à l'institution des métropolitains n'est
pas textuellement dans les communications
qui ont été faites. »

La séance fut levée après qu'on eut confié à
l'évêque de Tournay, malgré ses vives répugnances, le soin de rédiger le rapport pour la
congrégation générale, que chacun attendait

---

1. Voici, d'après les notes du cardinal Fesch, comment
les votes se répartirent :

*Que le décret n'ait de force qu'après l'approbation de Sa
Sainteté avant de devenir loi de l'État.*

Fesch, *ultrà sententiam.*

Spina, *in sententia dicta.*

Caselli, *idem.*

de Tours, *ultrà sententiam.*

de Comacchio, *idem.*

d'Ivrée, *in sentention.*

de Tournay, *idem.*

de Trèves, *ultrà sententiam.*

de Nantes, *idem.*

de Troyes, *in sententia.*

de Bordeaux, *point de décret sans le consentement préalable du Pape.*

de Gand, *idem.* (Cette dernière ligne est rayée.)

avec impatience, parce que, bien que le secret
fût gardé assez exactement sur les délibérations du Comité, les allées et venues des prélats courtisans, la longueur des séances et les
propos échappés à divers membres de la commission laissaient voir que cette congrégation
allait être définitive.

X

LA DIXIÈME CONGRÉGATION GÉNÉRALE

I

L'évêque de Nice, Mgr Colonna d'Istria, célébra la messe. Puis, la séance s'ouvrit. C'était
le mercredi 10 juillet.

Les évêques d'Autun (Mgr Imberties) et
d'Ajaccio (Mgr Sebastiani Porta) prêtèrent serment, et on lut les procès-verbaux des congrégations précédentes, y compris celui de la session d'ouverture, sur lequel l'archevêque de
Turin, en bon courtisan, demanda, disent les
notes du secrétaire, « qu'on date de l'an de Napoléon le Grand et non de Napoléon Ier ». Nous
passons sur la série d'observations auxquelles

donnèrent lieu ces procès-verbaux. Ce sont, pour la plupart, des minuties, excepté ce qui concernait, dans le procès-verbal de la 5e congrégation, l'adresse que les opinants déclarèrent connue de toute la France, et le mandement sur lequel on convint de faire silence.

Le moment était venu de faire le rapport sur les délibérations de la commission nommée par le Concile pour répondre au message de l'Empereur. L'évêque de Tournay, qui l'avait rédigé aussi sommairement que possible (1), en donna lecture, au milieu d'un « grand silence », qui a frappé le secrétaire rédacteur, qui le note entre deux tirets.

« Messeigneurs. — La congrégation particulière que vous avez chargée, dans la congrégation générale du 27 juin dernier, de dresser un projet de réponse au message de Sa Majesté, lequel fait un des objets qui occupent dans ce moment le Concile, s'est assemblée, pour la première fois, le 28 du même mois.

« Ses délibérations ont duré jusqu'au 9 du

---

1. Le rapport de notre commission fut lu et approuvé légèrement ; la discussion ne dura guère, on était convenu de réduire cette pièce à l'état de squelette. (*Journal de Mgr de Gand.*)

présent mois. Elle a l'honneur de vous en faire un rapport sommaire.

« La première proposition dont elle a dû s'occuper était de discuter si le Concile National était compétent pour prononcer sur la manière de donner l'institution canonique aux Evêques, sans l'intervention préalable du Pape, dans le cas où l'Empereur déclarerait le Concordat abrogé, et où le Pape persisterait dans le refus des bulles aux Evêques nommés par Sa Majesté.

« Pendant l'examen de cette proposition, la commission s'est occupée, soit dans ses assemblées, soit chaque membre en particulier, à l'éclaircir, et, pour cet effet, on a proposé différentes questions préparatoires ou incidentes, et discuté avec soin les moyens pour ou contre la compétence du Concile.

« Plusieurs membres de l'assemblée ont défendu la compétence du Concile National pour donner un mode d'instituer les Evêques, sans l'intervention préalable du Pape, au cas où Sa Sainteté persisterait à refuser les bulles.

« D'autres membres de la commission ont soutenu l'incompétence du Concile, dans le cas même où il ne décréterait qu'une mesure provisoire, et jusqu'à la tenue d'un concile œcuménique, ou qu'il se croirait autorisé à porter le décret, à cause d'une très urgente nécessité dans laquelle se trouveraient les Eglises de France et du royaume d'Italie.

« Tous ces différents débats sur l'opinion pour et contre la compétence du Concile ayant été mûrement pesés, examinés et discutés, la question de savoir si le Concile National est compétent pour prononcer sur l'institution canonique des Evêques, sans l'intervention préalable du Pape, dans les circonstances où le concordat serait abrogé par Sa Majesté, a été mise aux voix, et la pluralité des suffrages a été pour l'incompétence du concile, même dans le cas de nécessité.

« Dans cet état de choses, la Commission a voté à l'unanimité de présenter à Sa Majesté, par l'entremise de S. A. Eminentissime Mgr le Président, l'adresse suivante. »

Suit le texte de l'adresse, que nous avons déjà donné, demandant permission d'envoyer, avant toute délibération conciliaire, une députation au Pape.

« S. A. Em., que la congrégation particulière avait priée de porter cette demande à l'Empereur, a présenté à la congrégation, le 2 juillet, un projet de décret, contenu en six articles, avec un préambule qui en est la base. »

Suit la teneur du décret et du préambule, que nos lecteurs connaissent.

« La congrégation ayant délibéré sur ce projet et sur son préambule, a estimé, à la majorité des voix, que le décret susdit, avant d'avoir force de loi, devait être soumis à l'approbation de Sa Sainteté, et que cette clause devait y être insérée, attendu : 1° que la concession de Sa Sainteté n'est pas dans les formes ; 2° que l'addition qui en dérive, relativement à l'institution des métropolitains, n'est pas textuellement comprise dans les concessions faites par le Pape.

« En conséquence, la congrégation particulière a été d'avis de présenter aux Pères du Concile le rapport sommaire, avec les deux pièces ci-jointes. »

On lut en effet le libellé des concessions que les évêques députés à Savone affirmaient avoir obtenues de Pie VIII, et dont il sera parlé tout au long plus loin. Cette lecture fut écoutée avec un redoublement de silence. Mais, observe le caustique rédacteur des notes, « Venise rit à la fin ».

La séance devait finir sur cet éclat de rire,

car, tout à coup, alors qu'on s'apprêtait à ouvrir la discussion qui promettait d'être animée, le cardinal président se leva et déclara la séance terminée, ajournant le Concile à une nouvelle congrégation générale, pour le surlendemain 12 juillet.

XI

LE CONCILE EST DISSOUS

I

A peine rentrés chez eux, les Pères reçurent notification d'un décret impérial, qui déclarait le Concile dissous.

Le 12, à trois heures du matin, l'évêque de Gand, l'évêque de Troyes et l'évêque de Tournay étaient saisis dans leur lit et conduits par des argousins au donjon de Vincennes, où ils furent mis au secret, sans plumes, encre, ni papier.

Quelques jours après, le cardinal Fesch recevait du duc de Rovigo la lettre suivante :

« Monseigneur, j'ai l'honneur d'adresser à

Votre Altesse Eminentissime copie de l'analyse de quelques-uns des papiers trouvés chez MM. les évêques de Troyes et de Gand, dont Sa Majesté m'a ordonné de vous donner communication. »

C'étaient : 1° un manuscrit latin de quatre-vingts pages, portant pour épigraphe : *Veritas quæ non defensatur, opprimitur* 2° un autre manuscrit latin de quatre pages, sous la même épigraphe ; 3° une brochure, correspondance authentique de Rome avec la France, 1809 ; 4° un long mémoire, en cinq cahiers, qui paraissait de l'écriture de M. de Broglie, sans titre, contre les invasions de l'autorité civile ; 5° un manuscrit (auteur inconnu) sur le divorce et le second mariage de l'Empereur ; 6° des copies de lettres au cardinal Fesch et à M. Emery ; 7° des lettres d'évêques sur l'Université et la nomination aux chaires de théologie ; 8° un très grand nombre de pièces de l'écriture de M. de Broglie, sur le serment de la Légion d'honneur.

Dans le même dossier, nous avons retrouvé le mémoire du vaillant évêque de Gand sur l'incompétence du Concile, à la date du 3 juillet, chef-d'œuvre de logique et de courageuse résistance aux volontés de César.

Le cardinal Fesch était navré. Une première démarche, tentée auprès de son neveu irrité, n'avait servi qu'à augmenter la colère de Napoléon, qui l'accusa publiquement de pactiser avec ses ennemis. Cependant, la famille de Mgr de Broglie, son grand vicaire, dans une lettre touchante que le cardinal a soigneusement conservée, le conjuraient de faire délivrer un prélat coupable d'avoir usé de son droit, en parlant et en votant selon sa conscience. Mais d'autres soucis vinrent enrayer les démarches du cardinal, qui aimait de prédilection les trois évêques captifs, spécialement celui de Gand, sa créature et souvent son confident intime.

L'Empereur, de plus en plus irrité, avait commencé une enquête policière, dans laquelle Fesch lui-même se trouva compris.

II

Nous trouvons, en effet, dans un cahier soigneusement épinglé et qui paraît avoir été l'objet d'une sollicitude spéciale dans le classement de ses archives, une longue lettre du cardinal à son neveu, remplie de révélations très curieuses. En tout cas, on y verra le fond de l'âme du prince de l'Église, qui voudrait bien pouvoir concilier ce qu'il doit à son affection pour l'Empereur avec ses convictions qui sont dévouées au Saint-Siège et au captif de Savone.

« Sire, écrit le cardinal à l'Empereur à la date du 24 juillet 1811. — Conformément aux ordres de Votre Majesté, j'ai parlé aux cardinaux Caselli et Spina; et comme ils avaient déjà fait leur déclaration sur l'article du décret, je les ai engagés à s'expliquer et à dire que l'Église de France, réunie en Concile National, a le droit de pourvoir à sa conservation, en instituant des évêques dans des cas de nécessité extraordinaire. Ils m'ont promis de s'expliquer sur ce point, en écrivant au Ministre des Cultes et à moi (1).

« Quant aux évêques sur lesquels je puis avoir quelque influence, ils ont tous donné leur adhésion, excepté l'évêque de Nice, qui s'en abstient pour ne pas être obligé de conférer l'institution à l'archevêque d'Aix (2), en qualité de son premier suffragant.

1. Copie de ces déclarations est annexée au dossier.
2. Mgr Jauffret, évêque de Metz, nommé à l'archevêché d'Aix.

« Pour moi, Sire, tout s'oppose à ce que je donne l'adhésion demandée aux évêques.

« Président du concile, je me déshonorerais, si je venais exprimer un vœu que les événements récents démontrent être bien opposé au vœu présumé de l'assemblée. Je ne puis mentir à ma conscience. Je crois que toutes les souscriptions postérieures à la dissolution du concile (1), aux arrestations, aux menaces du ministre de la police, sont illégales et de nul effet. Je dois éviter une dénomination qui me dégraderait, et que le clergé et les catholiques ont déjà infligée à ceux qui ont fait leur adhésion. Si Votre Majesté connaissait l'opinion qui se propage, elle ne voudrait pas de cette mesure. On sait bien qu'elle a été inventée et demandée par des personnes qui n'ont pas prévu le piège qu'elles se tendaient à elles-mêmes. Si je signais cette adhésion, on ne manquerait pas de me calomnier, comme un homme qui s'est joué du Concile. Je me rendrais dorénavant parfaitement inutile à Votre Majesté en me déconsidérant devant le monde. Je ne dois point régler ma conduite sur celle

---

1. Nous allons dire en quoi consistaient ces souscriptions demandées aux évêques.

des autres; je ne prétends pas pour cela les juger, ils peuvent avoir de bonnes raisons, mais je dois agir d'après les règles et les lois de l'Eglise. Ma conscience me reprocherait d'autoriser de semblables moyens pour décider les affaires les plus graves de l'Église; mode que sa constitution réprouve et qui serait très préjudiciable à son unité. La promesse de l'assistance du divin fondateur de l'Église ne s'étend pas aux évêques séparément pris, lorsque ce n'est pas elle qui prend l'initiative en proposant des décrets ou des questions à leur décision ou à leur sanction. L'Église seule peut les leur soumettre, et nul autre ne doit se flatter d'obtenir des évêques, séparément pris, des décisions qui portent avec elles un certain degré d'autorité suffisante pour obliger les fidèles.

« En m'abstenant d'adhérer au décret en question, je constate que Votre Majesté laisse une parfaite liberté aux évêques; je conserve une réputation d'intégrité de principes à laquelle je dois être attaché plus qu'à la vie même; je déjoue la malveillance qui se plairait à me prêter des sentiments de complaisance et de lâcheté, et j'impose à ceux qui rejettent leur nullité dans le Concile sur la conduite du président,

« Sire, ces motifs graves qui me dictent la résolution que je prends ne sont connus que de moi seul. Personne ne dirige ma conduite; personne n'ose m'influencer, bien moins s'informer des raisons qui me décident pour un parti plutôt que pour l'autre. J'espère que Votre Majesté voudra bien croire que ma conscience et mon honneur m'ont impérieusement et uniquement guidé dans cette circonstance.

« J'ai hésité longtemps, Sire, et j'ai craint d'être trop hardi en exposant ainsi mes motifs à Votre Majesté. Mais il fallait bien justifier ma résolution. Vous aimez d'ailleurs qu'on vous dise ce que l'on pense et vous ne vous en offensez jamais. Cependant, si ces motifs ne paraissaient pas à Votre Majesté ni assez puissants ni assez forts, je la prie de considérer qu'ils ont formé en moi une conviction à laquelle je ne puis me refuser.

« Je suis avec respect, Sire, de Votre Majesté Impériale et Royale, le très humble et très obéissant serviteur et sujet.

« J. CARDINAL FESCH. »

Cette lettre irrita vivement son destinataire, et il fit demander à l'auteur une explication que celui-ci adressa le 25 juillet au vice-connétable de l'Empire.

« Votre Altesse me demande, au nom de S. M. l'Empereur, une réponse catégorique à la question de savoir si, dans la congrégation particulière du Concile pour répondre au message, j'ai voté pour l'admission du décret contre lequel la majorité de la dite congrégation s'est prononcée ; je réponds affirmativement ' et déclare que j'ai voté pour l'admission dudit décret. »

Sur cette déclaration, M. Bigot de Préameneu convoqua le cardinal à une réunion d'évêques qui allait se tenir chez lui, en vue de reprendre en sous-œuvre la déclaration que l'Empereur voulait obtenir à tout prix. Le cardinal Fesch s'y refusa. Une lettre de lui au Ministre des Cultes, en date du 27 juillet, trois heures, explique son abstention :

« Je reçois après deux heures, et par conséquent trop tard, la lettre de Votre Excellence Incommodé d'une fluxion aux dents et n'étant point habillé, il me serait impossible de me rendre à l'assemblée.

« Je ne me suis pas d'ailleurs regardé comme invité par la lettre de Votre Excellence Elle me fait connaître qu'elle n'a convoqué qu ceux des évêques qui ont adhéré au décret. Je n'ai donné à ce décret aucune adhésion depuis les événements qui ont suivi la dissolution du Concile, et dans la lettre que j'ai eu l'honneur d'adresser à Votre Excellence (1), je ne faisais que déclarer avoir voté pour son admission dans la congrégation, dont la majorité s'était prononcée contre.

« Je prie donc Votre Excellence de remarquer que ma lettre n'est pas, comme elle me le marque, une lettre *d'adhésion au projet de décret présenté au Concile.* »

Cette assemblée avait pour but de préparer la réouverture du Concile. Il importait dès lors à Mgr Fesch de savoir officiellement ce qui s'y était passé, et il écrit de nouveau au ministre, à la date du 29 juillet :

« Je viens d'apprendre que Votre Excellence a distribué aux évêques la copie des communications qu'Elle leur a faites samedi dernier. Comme je crois que c'est pour leur donner le moyen de juger en connaissance de cause lorsqu'ils seront réunis en Concile, ou pour avoir leur avis sur quelque partie de ces com-

---

1. C'était la reproduction textuelle de la lettre écrite au vice-connétable.

15

munications, je la prie de vouloir bien m'envoyer une de ces copies et de me donner en même temps des éclaircissements sur l'objet de cette distribution. »

III

Le 27 juillet, en effet, le Ministre des Cultes avait convoqué chez lui les quatre-vingt-trois prélats, qui étaient restés à Paris après le décret de dissolution du Concile, parce que, d'ordre de l'Empereur, M. Bigot de Préameneu les y avait retenus. Les autres, les plus réfractaires et les moins dociles, on les avait laissé partir. Mais, même parmi ceux qui restaient, plusieurs, l'évêque de Digne, entre autres (1),

---

1. Nous avons raconté, dans la *Vie de Mgr de Miollis*, les réponses que le saint évêque de Digne fit à M. Bigot de Préameneu et à l'Empereur lui-même, qui lui demandait un jour ironiquement ce que le Saint-Esprit avait répondu à ses consultations. « Sire, tout le contraire de ce que m'a dit Votre Majesté. » — Mgr Carletti avait répondu au ministre qu'il ne saurait lui obéir, sans perdre la confiance de ses diocésains : « Mais personne ne le saura, dit l'Excellence. — Ma conscience le saura, et cela me suffit. »

celui de Montepulciano, Mgr Carletti, résistèrent aux instances du ministre et à celles de l'Empereur lui-même, qui ne dédaignait pas de déployer ses coquetteries irrésistibles, quand il voulait se donner la peine de séduire les cœurs, pour gagner les prélats à sa cause.

Bientôt, une à une, les signatures furent acquises.

L'Empereur, sûr de la majorité, lança de Saint-Cloud le décret suivant, à la date du 3 août 1811 :

« Napoléon, etc... Vu le procès-verbal de la séance des évêques du Concile, tenue, le 22 juillet dernier, chez le Ministre des Cultes de l'Empire,

« Nous avons décrété et décrétons ce qui suit :

« Article premier.— Le Concile National, convoqué par notre circulaire du 25 avril de de la présente année, que nous avions dissous par notre décret du 10 juillet suivant, est autorisé à se réunir et à continuer ses séances.

« Art. 2. — Le cardinal Fesch est agréé pour président.

« Il sera procédé par le concile à la nomination des membres du bureau, des secrétaires et des promoteurs du Concile.

« Art. 3. — Dans toutes les nominations et députations, l'Eglise de notre Empire et celle de notre Royaume d'Italie seront toujours représentées dans le rapport de quatre à un ; c'est-à-dire que, sur quatre membres, il y en aura toujours un de notre Royaume d'Italie.

« Art. 4. — Nos Ministres des Cultes sont chargés de l'exécution du présent décret. »

Deux jours après, la septième congrégation générale se réunissait à l'archevêché de Paris. Ce devait être le dernier acte de ce pseudo-concile et aussi le plus lamentable. Voulant ne rien exagérer, nous allons laisser la parole au procès-verbal officiel. Rien d'ailleurs ne saurait être plus tristement éloquent.

XII

LA CONGRÉGATION GÉNÉRALE DU 5 AOUT 1811

I

« L'an mil huit cent onze et le cinq du mois d'août, vers les dix heures du matin, les cardinaux, archevêques et évêques de l'Empire français et du Royaume d'Italie, qui formaient le Concile National, invités par lettres de S. A. Em. Mgr le cardinal Fesch, en date du quatre courant, se sont réunis en congrégation générale au palais de l'archevêché. Après avoir entendu la messe qui a été célébrée par Mgr l'évêque de Clermont (1), ils se sont

---

1. Mgr Duvalk de Dampierre.

rendus dans la salle ordinaire de leurs séances, où étaient LL. EE. le Ministre des Cultes de l'empire français et le Ministre des Cultes du royaume d'Italie (1), commissaires de Sa Majesté. Après la prière *Veni Sancte Spiritus*, S. E. le Ministre des Cultes de l'Empire français a dit :

« Messieurs les archevêques et évêques, vous connaissez les circonstances et les motifs qui ont déterminé Sa Majesté à donner au Concile le plus grand témoignage de son auguste protection, en l'autorisant à se réunir et à continuer ses séances. Les ministres de Sa Majesté vont vous donner lecture du décret portant cette autorisation ; » et aussitôt le Ministre des Cultes de l'Empire français a lu le décret dont la teneur suit (2).

« Tous les membres du Concile ont manifesté les sentiments de joie et de reconnaissance que leur inspirait cette nouvelle preuve de la protection que Sa Majesté accorde à l'Église et au clergé de son Empire.

« Mgr le Président a dit que, pour se conformer à l'article 2 du décret impérial, le Con-

---

1. M. Bovora.
2. On a déjà lu ce décret au paragraphe précédent.

cile devait procéder à la nomination des membres du bureau, des secrétaires et des promoteurs ; et Son Altesse Eminentissime a demandé aux Pères de quelle manière ils voulaient que cette nomination fût faite. Ils ont unanimement prié Son Altesse Eminentissime de vouloir bien elle-même nommer les prélats qu'elle jugerait propres à remplir ces fonctions. » Son Altesse Eminentissime, après avoir remercié le Concile de la confiance qu'il lui témoignait, a proposé :

« 1° Pour membres du bureau, MM. l'archevêque de Tours, l'évêque de Faenza, nommé patriarche de Venise, et l'évêque d'Evreux.

« 2° Pour secrétaires, MM. les archevêques de Turin et de Pavie (1), et les évêques de Nantes et de Bayeux.

« 3° Pour secrétaires, MM. les évêques de Plaisance (2) et de Feltre (3).

« Ce choix ayant été unanimement agréé par le Concile, les prélats nommés, sur l'invitation de M. le Cardinal Président, ont pris les places qui leur étaient destinées.

« Cette opération préliminaire étant termi-

---

1. Mgr d'Allègre.
2. Mgr Fallot de Beaumont.
3. Mgr Carenzoni.

née. M. le Président a fait lire deux projets de décret : le premier relatif à la compétence du Concile, pour statuer sur l'institution des évêques, en cas de nécessité ; le second, concernant la manière dont il sera désormais pourvu à la nomination, institution et consécration des archevêques et évêques.

« Suit la teneur des décrets proposés :

PREMIER DÉCRET

Le Concile national est compétent pour statuer sur l'institution des Évêques, en cas de nécessité.

DECRETUM PRIMUM

Nationali concilio competit statuere de Episcoporum institutione, in casu necessitatis.

SECOND DÉCRET

Article premier. — Conformément à l'esprit des canons, les archevêchés et évêchés ne peuvent rester, plus d'un an, vacants, pour tout délai. Dans cet espace de temps, la nomination, l'institution et la consécration devront avoir lieu.

Art. 2. — L'Empereur sera supplié de continuer à nommer aux sièges vacants, conformément aux concordats, et les nom-

DECRETUM ALTERUM·

Articulus primus. — *Archiepiscopales et episcopales sedes, ad sacrorum canonum mentem, vacare non poterunt ultra annum intra quem nominatio, institutio et consecratio suum omnino sortientur effectum.*

Articulus secundus. — *Datis ad Imperatorem precibus, concilium impetrare sataget ut juxtà concordata ad sedes vacantes nominare pergat ; Episcopi vero ab imperatore nominati canonicam institutionem à Summo Pontifice rite postulabunt*

Articulus tertius. — *Intrà sex menses à datâ juxtà consuetam praxim summo Pontifici notitia nominationis, Sanctitas Sua canonicam institutionem ad concordatorum normam impertietur.*

Articulus quartus. — *Semestri elapso quin Sanctitas Sua institutionem concesserit, ad eamdem procedet Metropolitanus, et deficiente Metropolitano, antiquior provinciæ ecclesiasticæ episcopus, qui idem præstabit, si de Metropolitano instituendo agatur.*

Articulus quintus. — *Præsens decretum Sanctitati Suæ approbandum subjicietur ; ideoque Majestas Sua Imperator et Rex humillimè exorabitur, ut sex episcopis deputatis veniam det Beatissimum Patrem adeundi, atque ab eo reverenter postulandi confirmationem decreti quo uno*

més par l'Empereur s'adresseront à N. S. P. le Pape pour avoir l'institution canonique.

Art. 3. — Dans les six mois qui suivront la notification faite au Pape, par les voies d'usage, de la dite nomination, le Pape donnera l'institution canonique, conformément aux concordats.

Art. 4. — Les six mois expirés sans que le Pape ait accordé l'institution, le Métropolitain, ou, à son défaut, le plus ancien évêque de la province ecclésiastique procédera à l'institution de l'évêque nommé ; et, s'il s'agissait d'instituer le Métropolitain, le plus ancien évêque de la province conférerait l'institution.

Art. 5. — Le présent décret sera soumis à l'approbation de N. S. P. le Pape, et, à cet effet, Sa Majesté sera suppliée de permettre qu'une députation de six évêques se rende auprès de Sa Sainteté pour la prier de confirmer un décret, qui seul peut mettre un terme aux maux de l'Église de l'Empire français et du Royaume d'Italie.

Gallicanæ necnon Italicæ Ecclesiæ mala sanari possunt.

II

« M. le Président a invité les Pères du Concile à manifester leur opinion sur les projets de décrets soumis à leur délibération.

« Un Père du Concile (1) a dit que les questions proposées avaient été longuement et mûrement discutées ; que copies des projets de décrets avaient été distribuées, depuis plusieurs jours (2), à tous les membres du Concile ; que chacun d'eux avait pu former son opinion en connaissance de cause, et qu'une discussion ultérieure devenait inutile.

---

1. Un brouillon de ce procès-verbal nous apprend que ce fut le cardinal Maury.

2. Elles l'avaient été par les soins du Ministre des Cultes. Ce sont ces copies que le cardinal Fesch réclamait dans sa lettre du 29 juillet. On lui en envoya un grand nombre, qui sont encore aux Archives.

« MM. les Promoteurs ont dit ensuite que, quoique la matière, sur laquelle le Concile devait prononcer, fût bien connue de tous les Pères, néanmoins, pour jeter encore plus de lumière sur cette importante question, ils croyaient qu'il serait utile de donner lecture du rapport fait par M. l'archevêque de Tours, relatif à la députation envoyée à Notre Saint-Père le Pape, au mois de mai dernier.

« Cet avis ayant été agréé, le rapport a été lu en langue française, par M. l'archevêque de Tours, et en langue italienne, par M. l'archevêque de Turin, et écouté avec beaucoup d'attention et un grand intérêt. »

C'est en effet à ce moment que les évêques eurent pleine connaissance de ce grand et mystérieux secret, qu'on avait jusque-là dévoilé par bribes, et qu'il importe à cette histoire de reproduire dans son intégralité, sur le manuscrit même original.

III

« Messeigneurs. — Deux jours avant l'ouverture du Concile National, vous avez presque tous entendu, étant réunis chez S. A. E. le cardinal Fesch, le premier rapport qu'a fait Mgr l'évêque de Nantes de la députation des évêques envoyés à N. S. P. le Pape, avec la permission de S. M. l'Empereur et Roi par douze cardinaux ou évêques qui se trouvaient à Paris vers la fin du mois d'avril dernier.

« Mais cette députation tient si essentiellement au grand objet de la convocation du Concile, elle est un monument si authentique du respect filial pour le Saint-Siège qui a constamment animé les évêques français, même dans les temps les plus difficiles, qu'il est de notre devoir de vous exposer avec un peu plus de détails tout ce qui s'est passé dans le cours de notre honorable mission, ses causes et ses résultats.

« Au mois de mars de l'année dernière, dix-neuf évêques réunis chez Mgr le cardinal Fesch eurent l'honneur d'écrire à Sa Sainteté une lettre, par laquelle ils sollicitaient respectueusement l'ampliation des pouvoirs extraordinaires relatifs aux dispenses, ainsi que l'expédition des bulles pontificales que réclamaient depuis longtemps les besoins des églises privées de leurs premiers pasteurs.

« Cette lettre est surtout remarquable par l'expression des sentiments d'amour et de révérence filiale pour le Saint-Siège, que rien ne peut jamais affaiblir dans le cœur des évêques de l'Église gallicane.

« L'ampliation des pouvoirs ordinaires relativement aux dispenses n'ayant pas un rapport immédiat avec notre députation, nous ne vous en disons pas autre chose, Messeigneurs, si ce n'est que les évêques réunis ont pensé unanimement que telle était « la grandeur du mal et « la nécessité d'un prompt remède, que, si la « réponse de Sa Sainteté ne leur parvenait « point, ils se verraient contraints par ce seul « fait et par la force des choses d'accorder « momentanément ces dispenses. » Telles sont littéralement les expressions de la lettre des dix-neuf évêques à Sa Sainteté en date du 25 mars 1810.

« Leurs supplications respectueuses en faveur des églises veuves faisaient allusion à diverses lettres adressés à Sa Sainteté en 1809, par un grand nombre d'évêques isolés, pour la conjurer d'accorder les Bulles d'institution canonique aux sujets depuis longtemps nommés par Sa Majesté aux évêchés vacants.

« Nous ne chercherons pas, Très Saint-
« Père » est-il dit dans la lettre des dix-neuf évê-
« ques, à pénétrer les motifs qui dirigent la con-
« duite de Votre Sainteté dans le parti qu'elle
« semble avoir pris à l'égard de l'institution ca-
« nonique des évêques ; mais nous croyons pou-
« voir lui représenter, avec tout le respect que
« nous devons à sa dignité autant qu'à ses mal-
« heurs, que, quelles que soient ses raisons, quels
« que soient les motifs de plainte qu'elle puisse
« avoir d'ailleurs, quelque fondées que
« puissent être ses répugnances, quelque dure
« et pénible que puisse être sa situation, il
« n'en est pas moins évident que, dans toutes
« les suppositions possibles, elle ne saurait
« persister dans une résistance qui doit néces-
« sairement avoir un terme ».

« En terminant cette lettre mémorable, les dix-neuf évêques conjurent de la manière la plus touchante Notre Saint-Père le Pape *de ne pas abandonner l'Église de France à elle-même,* « en refusant de lui donner les évêques qu'elle « réclame, et de ne pas la réduire ainsi à la « triste nécessité et à l'extrémité fâcheuse de « discuter les moyens de pourvoir à sa propre « conservation ». (1)

« A l'époque de l'envoi de la lettre d'un si grand nombre d'évêques, il n'est personne qui, en lisant cette péroraison forte et respectueuse, n'ait cru voir d'avance l'annonce d'un Concile National, et la nature des résolutions qu'il pourrait prendre, s'il était appelé à remédier aux maux de nos Églises.

« Nous croyons inutile de vous rappeler, Messeigneurs, les événements qui ont eu lieu depuis la date de la lettre des dix-neuf évêques, et qui ont enfin amené la convocation du Concile.

---

1. Cette lettre à Sa Sainteté, du 25 mars 1810, est signée par S. A. E. Mgr le cardinal Fesch, par NN. SS. les archevêques de Toulouse (Primat), de Tours (de Barral) et de Malines (de Pradt), et par NN. SS. les évêques de Verceil (Caselli), de Casal (Villaret), d'Orléans (Rousseau), de Trèves (Marnay), de Nantes (Duvoisin), de Chambéry et Genève (Dessole), d'Amiens (Demandolx), d'Arras (de la Tour d'Auvergne-Lauraguais), de Metz (Jauffret), de Troyes (de Boulogne), de Versailles (Charrier de la Roche), de Meaux (de Fodras), d'Autun (Imberties), de Montpellier (Fournier) et de Soissons (Le Blanc de Beaulieu).

« Ce fut immédiatement après cette convocation, faite le 25 du mois d'avril dernier, que Sa Majesté permit aux évêques, alors réunis à Paris au nombre de quinze, d'envoyer une députation à Sa Sainteté. Messeigneurs les évêques de Trèves, de Nantes et moi, fûmes chargés de cette honorable mission. Il est de notre devoir, Messeigneurs, de mettre sous vos yeux la lettre de créance qui fut donnée par les autres prélats, réunis chez S. A. E. Mgr le cardinal Fesch.

« Très Saint-Père. — Les circonstances ur-
« gentes dans lesquelles nous place la convo-
« cation d'un Concile National à Paris, le 9 du
« mois de juin prochain, pour y délibérer sur
« la viduité de plusieurs Églises de l'Empire et
« sur les moyens d'y remédier, ont suggéré à
« tous les évêques français qui se trouvent,
« en ce moment, dans cette capitale, le
« dessein d'imiter la conduite de nos prédéces-
« seurs dans toutes les grandes occasions où
« les intérêts de la religion ont appelé leur
« commune sollicitude, et nous nous sommes
« assemblés auprès de S. A. E. Mgr le cardi-
« nal Fesch, si digne, par son rang et ses
« qualités personnelles, de fixer notre con-
« fiance.

« Notre premier vœu, Très Saint-Père, et
« notre sentiment unanime ont été de députer
« immédiatement, avec la permission de
« S. M. l'Empereur, Mgr l'archevêque de
« Tours avec Messeigneurs les évêques de
« Trèves et de Nantes, vers Votre Sainteté,
« pour déposer à ses pieds l'hommage de
« notre respect et de la piété filiale qui nous
« unit au Siège apostolique.

« Ces trois prélats méritent éminemment la
« confiance de Votre Sainteté comme la nôtre
« par leurs vertus, leur zèle pour la religion,
« leurs lumières et leur doctrine.

« Nous supplions Votre Béatitude d'accueil-
« lir nos trois représentants avec la bienveil-
« lance la plus paternelle, et de croire ce
« qu'ils lui diront en notre nom, avec la
« ferme persuasion qu'ils seront avoués de
« tous les évêques de France.

« C'est en effet toute l'Eglise gallicane qui va
« parler par leur bouche à notre auguste chef.

« Nous nous flattons d'autant plus, Très
« Saint-Père, de voir notre démarche bénie
« par le Ciel, que nous sommes tous dans la
« plus parfaite union de principes, de vues et
« de langage.

« Nous supplions Votre Sainteté de nous

« accorder, ainsi qu'aux fidèles qui nous sont
« confiés, sa bénédiction apostolique, et
« d'agréer l'hommage du très profond respect
« avec lequel nous nous montrerons jusqu'à
« notre dernier soupir. — Très Saint-Père, —
« de Votre Sainteté, — les très humbles, très
« dévoués et très fidèles serviteurs et fils.
     « Paris, 27 avril 1811.
     « *Signé*. — J. card. FESCH. — J. Sifr.
« card. MAURY. — Ch.-François, card.
« CASSELLI. — CLAUDE-FRANÇOIS-MARIE,
« archev. de Toulouse. — DOMINIQUE,
« archev. de Malines. — LOUIS, évêque de
« Versailles. — VINCENT-MARIE, évêque de
« Savone. — JEAN-CHRYSOSTOME, évêque de
« Casal. — PIERRE-VINCENT, évêque de
« Quimper. — MARIE-NICOLAS, évêque de
« Montpellier. — ETIENNE-ANTOINE, évêque
« de Troyes. — GASPARD-JEAN-ANDRÉ-
« JOSEPH, évêque de Metz. »

« Outre cette lettre écrite en commun et
signée par douze évêques, nous fûmes chargés
de remettre à Sa Sainteté des lettres individuelles de dix-sept cardinaux, archevêques ou
évêques, qui se trouvaient à Paris à la même
époque. Toutes étaient relatives à la convocation du Concile National.

« Le lendemain du jour de notre arrivée à Savone, nous fûmes informés, par une lettre de S. E. le Ministre des Cultes, que l'intention de Sa Majesté était que Mgr l'évêque de Faënza, nommé au patriarcat de Venise, se joignît à nous pour exposer à Sa Sainteté les malheurs et les besoins des Eglises du royaume d'Italie.

« Pendant dix jours consécutifs, nous eûmes l'honneur d'être admis le matin et le soir auprès de Sa Sainteté et de conférer avec elle sur les maux résultant de la viduité d'un si grand nombre d'Eglises métropolitaines et d'Eglises cathédrales d'une immense étendue. Le Saint-Père parut frappé de la nécessité d'y remédier sans délai. Nous lui exposâmes nos vœux ardents, ceux de nos collègues qui nous avaient députés près de lui, ceux de tous les évêques de France et d'Italie, les vœux enfin de tous les fidèles pour que Sa Sainteté y remédiât par l'usage qu'elle ferait de l'autorité du Saint-Siège et des concordats.

« Nous ne dûmes pas lui dissimuler que l'Empereur, regardant le refus persévérant des Bulles comme une infraction du dernier concordat, le tenait pour entièrement abrogé et que Sa Majesté n'était disposée à y revenir qu'au moyen de l'insertion d'une clause additionnelle, dont le but serait de mettre à l'avenir un terme à la longue vacance des sièges épiscopaux. En vertu de cette clause, la nomination de l'Empereur serait communiquée au Pape dans les formes ordinaires, et, dans le cas où Sa Sainteté différerait au delà d'un temps déterminé l'expédition des bulles pontificales, les Métropolitains respectifs seraient investis du pouvoir d'accorder aux sujets nommés l'institution canonique.

« Nous ajoutâmes que le Concile National qui venait d'être convoqué à Paris serait appelé à délibérer sur les moyens de prévenir les graves inconvénients de la trop longue vacance des évêchés, puisque la lettre même de Sa Majesté ne contenait pas d'autres motifs pour sa convocation. A l'exemple des dix-neuf évêques qui écrivaient à Sa Sainteté, le 25 mars 1810, nous la conjurâmes « de ne pas abandonner l'Église de France à elle-même », en refusant d'adopter les mesures conciliatrices que nous avions l'honneur de lui présenter, et de ne pas la réduire par son refus « à « la triste nécessité et à l'extrémité fâcheuse « de discuter les moyens de pourvoir à sa « propre conservation. »

« Ici, Messeigneurs, nous ne pouvons pas

nous empêcher de rendre un nouvel hommage à toutes les vertus qui attirent à Notre Saint-Père le Pape le respect et l'amour de tous ceux qui ont l'honneur de l'approcher, à sa piété profonde, à son amour pour l'Église, à sa douceur inaltérable, à sa touchante affabilité.

« Nos observations et nos prières furent constamment accueillies avec bonté. Sa Sainteté nous permettait la discussion la plus libre et nous ne croyons pas qu'il soit nécessaire de vous dire, Messeigneurs, qu'elle fut toujours de notre part accompagnée du plus profond respect. Dans le cours de ces discussions, jamais le Saint-Père ne mit en avant des principes qui ne pussent pas se concilier avec les principes de l'Église gallicane tels qu'ils ont été développés par l'illustre Bossuet dans sa Défense de la déclaration de 1682.

« A la vérité, le Pape revendiquait pour lui et pour ses successeurs le droit de juger si les moyens qu'indiquerait le Concile afin d'arriver avec certitude à un but si désirable seraient conformes aux canons appouvés dans l'Église et à une sainte discipline (1).

---

1. La version officielle, donnée par les historiens, ajoute ci la phrase suivante, qui ne se trouve pas dans le ma-

« Nous étions loin de méconnaître ce droit inhérent au Saint-Siège, mais nous insistions sur la nécessité urgente de prévenir la ruine de l'épiscopat en France et en Italie, et d'empêcher que ces deux grandes Églises n'éprouvassent avant peu, comme celle d'Allemagne l'éprouve aujourd'hui, la privation presque totale de leurs premiers pasteurs, ce qui, outre les maux résultant, pour les fidèles, du veuvage prolongé de chaque Église, compromettait évidemment, en Europe, le sort du Saint-Siège lui-même et celui de toute la catholicité.

« Enfin, après de longues discussions et l'examen de divers plans qui tous tendaient au même but, celui de prévenir la longue vacance des évêchés et d'assurer par des mesures fixes et régulières la succession de l'épiscopat français, Sa Sainteté daigna arrêter, de concert avec nous, le plan dont vous avez tous, Messeigneurs, eu connaissance, et que nous

---

nuscrit de l'archevêque de Tours, que nous avons sous les yeux : « Mais jamais il ne lui est venu dans la pensée de contester à une grande Église réunie en concile, le droit de pourvoir elle-même, au moins par des règlements provisoires, à sa propre conservation, dans le cas d'une nécessité urgente. »

joignons au présent rapport. Il fut rédigé, en quelque sorte, sous la dictée du Saint-Père, et nous eûmes l'honneur de lui servir de secrétaire.

« Dans la soirée du 18 mai, le Pape en prit une nouvelle lecture et, après que nous eûmes fait, de concert avec lui et en sa présence, de légères corrections, Sa Sainteté nous donna l'ordre de lui en présenter une copie mise au net, ce que nous exécutâmes le lendemain 19.

« Sa Sainteté daigna la recevoir de nos mains, la relut encore avec une attention marquée, nous permit d'en remporter un duplicata que nous lui présentâmes, et nous promit de garder celui que nous prenions la liberté de lui laisser, comme un témoignage de ses propres concessions et de son ardent désir de la paix de l'Eglise.

« Nous reçûmes alors sa bénédiction apostolique, des témoignages affectueux de sa bienveillance, et l'assurance de ses vœux paternels pour notre heureux retour.

« Le soir même, Sa Sainteté nous envoya la réponse qu'Elle faisait à Mgr le cardinal Fesch et dont Elle avait eu la bonté de nous lire la minute.

« Dans cette réponse, Messeigneurs, dont

Son Altesse Eminentissime a bien voulu nous lire l'article qui nous concernait, Sa Sainteté daigne lui exprimer la satisfaction qu'Elle à eue de toute notre conduite, et c'est à nous qu'Elle la renvoie expressément pour apprendre le résultat de nos conférences. Nous transcrivons ici les deux paragraphes de la lettre de Sa Sainteté qui nous concernent.

« *Noi abbiamo accolti i Deputati; e le loro* « *replicate proteste, e le rispettose maniere, con* « *cui ci hanno parlato, hanno accresciuto la* « *stima che Elle ci aveva fatta concepire del loro* « *merito...*

« *Oltrè che susdetti Prelati,* DAI QUALI SENTIRA « IL RESULTATO DELLE NOSTRE CONFERENZE, *ci* « *fanno sperare che tutto potrà conciliarsi, la* « *fiducia che abbiamo in Dio ci anima a conce-* « *pire egual confidenza che la di Lui misericordia* « *voglia aprire la strada ad una stabile concor-* « *dia, etc., etc.*

« *Savona,* 19 *maio* 1811 (1). »

---

1. Nous avons accueilli les députés, et leurs protestations réitérées, ainsi que la manière respectueuse avec laquelle ils nous ont parlé, ont augmenté l'estime que Votre Éminence nous avait fait concevoir de leur mérite...

Outre que les susdits prélats, *de la bouche desquels Votre Éminence apprendra le résultat de nos conférences* (souligné par l'archevêque de Tours), nous font espérer que tout

« Telle a été, Messeigneurs, l'issue de la députation des évêques envoyés à Savone, et dont nous avons cru devoir réserver les détails plus circonstanciés pour l'ouverture de la séance où vous commenceriez à discuter le principal objet de la convocation du Concile National. »

L'archevêque de Tours donna aussitôt lecture de la teneur de la note rédigée par ordre et en présence de Sa Sainteté et acceptée par Elle.

« Sa Sainteté, prenant en considération la situation, les besoins et les vœux des Eglises de France et d'Italie qui lui ont été présentés par l'archevêque de Tours et les évêques de Trèves, de Nantes et de Faenza, et voulant donner à ces Eglises une nouvelle preuve de son affection paternelle, a déclaré aux archevêques et évêques susdits :

« 1° Qu'elle accorderait l'institution canonique aux sujets nommés par Sa Majesté Impériale et Royale dans les formes convenues à l'époque des concordats de France et du royaume d'Italie.

---

pourra se concilier, la confiance que nous avons en Dieu nous excite à concevoir une égale espérance que sa divine miséricorde voudra nous ouvrir la voie à une concorde stable, etc., etc.

« 2° Sa Sainteté se prêtera à étendre les mêmes dispositions aux Eglises de la Toscane, de Parme et de Plaisance, par un nouveau concordat.

« 3° Sa Sainteté consent qu'il soit inséré dans les concordats une clause par laquelle Elle s'engage à faire expédier des bulles d'institution aux évêques nommés par Sa Majesté dans un temps déterminé, que Sa Sainteté estime ne pouvoir pas être moindre de six mois; et dans le cas où Elle différerait plus de six mois, pour d'autres raisons que l'indignité personnelle des sujets, Elle investit du pouvoir de donner, en son nom, les bulles, après les six mois expirés, le métropolitain de l'Eglise vacante et à son défaut le plus ancien évêque de la province ecclésiastique.

« 4° Sa Sainteté ne se détermine à ces concessions, que dans l'espérance que lui ont fait concevoir les entretiens qu'Elle a eus avec les évêques députés, qu'elles prépareront les voies à des arrangements qui rétablissent l'ordre et la paix de l'Église, et qui rendent au Saint-Siège la liberté, l'indépendance et la dignité qui lui conviennent.

« Savone, le 16 mai 1811 (1). »

---

1. Nous avons sous les yeux le duplicata écrit à Savone

IV

« La lecture terminée, continue le procès-verbal officiel, personne n'ayant demandé la parole, M. le Président a mis aux voix le projet du premier décret, qui a été adopté à la presque unanimité.

« Son Altesse Eminentissime a ensuite mis aux voix le second décret, qui a été pareillement adopté à la presque unanimité (1).

---

de la main de l'archevêque de Tours. Il est suivi de ce N. B. : « Cette note, rédigée dans le cabinet de Sa Sainteté et en quelque sorte sous sa dictée, a été approuvée et consentie par Sa Sainteté. Elle a permis que nous lui en remissions un double qu'Elle a accepté.

« Pour copie conforme,
« † L. M. archevêque de Tours. »

1. Nous n'avons pas les notes du sténographe pour cette congrégation. Les mémoires du temps disent que treize se prononcèrent contre : l'archevêque de Bordeaux ; les évêques de Jéricho (Mgr Droste de Vischering), d'Agen (Mgr Jacoupy), de Grenoble (Mgr Simon), de Montpellier, de Mende (Mgr Morel de Mons), de Digne (Mgr de Miollis), de Vannes (Mgr de Bausset-Roquefort), de Saint-Brieuc (Mgr Caffarelli), et l'abbé Bragousse de Saint-Sauveur,

« M. le Cardinal Président a communiqué au Concile une lettre de M. l'évêque de Mayence, dans laquelle ce prélat annonce que le mauvais état de sa santé ne lui permet pas d'assister à la séance et le force même à abandonner Paris et à retourner dans son diocèse (1).

---

nommé à l'évêché de Poitiers. M. Picot ajoute les évêques d'Angers (Mgr Montault), de Limoges (Mgr Dubourg) et de Namur, auxquels il convient d'ajouter celui de Soissons.

1. Nous avons retrouvé cette lettre de Mgr Colmar. Elle est typique.

« Monseigneur, j'ai été pénétré de joie en apprenant que le Concile allait reprendre ses travaux, mais en même temps je suis profondément affligé de me voir par ma maladie hors d'état d'y prendre part. Mon rhume de poitrine qui dure depuis huit mois, et qui a résisté à tous les efforts des médecins de Mayence et de Paris, augmente de jour en jour, et menace de me laisser à peine assez de forces pour mon voyage de retour.

« Cependant différents médecins me conseillent de profiter encore de la belle saison pour aller respirer l'air natal et y faire un dernier essai. Il est certain que, si l'hiver me surprend dans ma souffrance actuelle, il ne peut plus y avoir de guérison pour moi. — Je supplie donc Votre Altesse Éminentissime de vouloir bien faire agréer aux Pères du Concile l'expression de ma profonde vénération, et de l'humble demande que je forme de me retirer de Paris pour soigner ma santé délabrée.

« J'ai eu l'honneur de soumettre la même demande à S. Ex. le Ministre des Cultes. Je vis dans l'espérance que je ne serai pas refusé. Qui d'ailleurs mieux que vous,

« Tous les Pères ont manifesté la douleur que leur causait l'indisposition de ce prélat, et ont prié Son Altesse Eminentissime de lui témoigner les vœux qu'ils forment pour son prompt rétablissement.

« M. le Président, après la prière ordinaire, a levé la séance. »

V

« Après cette honteuse conclusion, dit la relation trouvée dans les papiers de Mgr de Broglie, l'assemblée se sépara. On remarquera que jusqu'alors le Concile avait fortement tenu à ne voter qu'au scrutin, soit dans les élections, soit dans les questions un peu importantes, et

Monseigneur, sait que je ne suis plus qu'un serviteur bien inutile, et que l'absence d'aucun évêque ne sera moins remarquée que la mienne? Daignez parler pour moi, et je vous devrai peut-être la vie.

« Je suis, etc.

† Louis, évêque de Mayence.

« Paris, le 5 août 1811. »

On n'est pas plus... humble !

16.

cela pour conserver une apparence de liberté. Dans cette occassion, le plus grave de toutes, on n'osa pas même réclamer cette forme protectrice de la liberté des suffrages (1). »

Le cardinal Maury s'en tirait avec une facétie. Depuis la dissolution du Concile, il s'en allait, répétant le mot qui peignait, un peu grossement mais en vérité, la situation :

— Notre vin n'a pas été trouvé bon en cercle, vous verrez qu'il sera meilleur en bouteilles.

Qu'on nous permette, malgré sa grossièreté, d'ajouter un autre mot, qui a été trop souvent répété depuis dans les mémoires et les histoires de cette période agitée de nos annales civilo-ecclésiastiques, pour que nous ne nous enhardissions pas à le rééditer après tant d'autres.

---

1. Le duc de Frioul écrivait au cardinal Fesch, à la date du 8 août : « Je me suis empressé de prendre les ordres de l'Empereur au sujet de la lettre que Votre Éminence m'a fait l'honneur de m'écrire. Sa Majesté recevra à Rambouillet, dimanche à l'issue de la messe, le bureau de police du Concile National, qui désire être admis à lui présenter les décrets rendus dans la dernière congrégation générale. — Leurs Majestés entendront la messe à midi et je prie Votre Éminence d'envoyer quelqu'un à la chapelle pour la dire. »

Le cardinal Pacca appréciait un jour sévèrement, sous la Restauration, la conduite de la majorité du Concile à la congrégation générale du 5 août 1811. Il y avait là un évêque, dont l'attitude en cette occasion avait laissé fort à désirer. Il essaya de s'excuser :

— Que voulez-vous, Eminence? Il n'y a pas de bon cheval qui ne bronche.

— Peut-être, repartit le malin cardinal, mais toute une écurie !

XIII

LA DÉPUTATION DU CONCILE A SAVONE

I

La suite de cette histoire est un peu mieux connue. Les historiens laïques, s'aidant de la correspondance officielle, ont pu en effet reconstituer à peu près complètement la triste série des événements qui devaient causer tant d'angoisses au clergé et aux fidèles. Cependant, nous retrouvons, dans les papiers du cardinal Fesch, bon nombre de pièces jusqu'ici inédites et qui, en jetant un jour nouveau sur ce long et émouvant épisode, vont nous permettre d'en donner le récit exact et complet, quoique sommaire.

Une lettre inédite de Mgr Fesch au cardinal

Doria, révèle la nouvelle tactique impériale et le premier tissu de cette trame perfide qui devait enserrer le Pape captif dans ses mailles habilement ourdies. L'oncle de l'Empereur écrit au cardinal Doria :

« Monseigneur, j'ai l'honneur d'annoncer à Votre Eminence que Sa Majesté permet que les cardinaux qui sont libres et qui ne sont pas du Concile se rendent à Savone près de Sa Sainteté pour lui servir de conseil, et l'aider dans la circonstance où il s'agit de mettre un terme aux maux de l'Eglise.

« Le Concile envoie une députation de six évêques. Après-demain, partent nos confrères les cardinaux Dugnani, Roverella, Ruffo et de Bayane. Ces Seigneurs ont écrit au Ministre une lettre dans la teneur que M. le cardinal Roverella fera connaître à Votre Eminence, si Elle se décide à écrire au Ministre des Cultes de la même manière. Après avoir adressé cette lettre, même sans en attendre la réponse, Votre Eminence peut se mettre en route pour Savone. C'est l'intention de Sa Majesté, qu'Elle a bien voulu me manifester.

« L'Eglise, Monseigneur, demande de nous tous, tous les services dont nous sommes capables, tout notre zèle, etc. »

On devine ce que devait être ce projet de lettre. Celle que le Ministre des Cultes écrivit à l'Empereur en suite de cette démarche nous en donne la clé (1). Le cardinal Doria était aux eaux de Saint-Gervais, en Savoie. Il répond tout de suite, à la date du 22 août, qu'il part immédiatement pour Savone, sans même attendre la réponse du Ministre des Cultes, auquel il en fait part, « et dont il croit n'être point désapprouvé. »

Le cardinal della Porta, un des élus, lui aussi, était à Turin. Il répond, à la date du 27 août, qu'il ne peut, pour le moment, se rendre à Savone auprès de Sa Sainteté, à cause de ses infirmités, mais qu'il s'y rendra si son état s'améliore.

Ces cardinaux, soigneusement choisis parmi les plus favorables à la cour des Tuileries, partirent donc les premiers. Ils furent suivis par un prélat dont il convient de dire un mot.

---

1. Sire, j'ai l'honneur de mettre sous les yeux de Votre Majesté les lettres qui viennent de m'être adressées par les cardinaux Ruffo, Dugnani, Roverella et de Bayane, par lesquelles ils font la demande de se rendre à Savone, en m'exprimant qu'il est dans leur sentiment que *le Pape doit approuver le décret rendu par le Concile*... (Lettre du 9 août 1811.)

II

Le 23 juillet 1811, le sieur Marescalchi, représentant du gouvernement français au Ministère des Cultes d'Italie, écrivait au cardinal Fesch.

« Je suis fort en peine de ce que je viens d'apprendre par la lettre que Votre Altesse Eminentissime a daigné m'écrire. Votre Altesse sait que ç'a été à sa sollicitation que j'avais engagé Mgr Bertalozzi (1) à prendre courage et s'empresser d'arriver à Paris, parce qu'il aurait pu contribuer à faire le bien. Que dirat-il de moi à présent, et qu'aura-t-il dit, quand il aura vu que le gouvernement ne se tenait pas sûr de sa personne, et qu'en arrivant on l'a traduit à la police? Le gouvernement aura eu certainement des raisons pour en agir de la sorte, et je serais bien fâché de m'y

---

1. Ce nom est écrit de plusieurs manières : *Bertassoli, Brintazzoli,* etc. Nous nous arrêtons à l'orthographe adoptée par M. d'Haussonville.

trouver mêlé, moi qui n'ai voulu entendre parler de ces affaires que pour insinuer la concorde et la soumission. A l'égard de M. Bertalozzi, j'ai envoyé informer de tout cela notre Ministre des Cultes, et c'est ce que je pouvais faire. Puisqu'il se trouve à Paris, et qu'il doit être à jour de ce qui peut faire tort à M. Bertalozzi, c'est à lui de faire toutes les démarches, qu'il jugera convenable. »

Le cardinal alors s'adressa au secrétaire de l'Empereur, M. Aldini, qui lui écrivait, à la date du 24 juillet :

« J'ai l'honneur d'informer Votre Altesse Eminentissime qu'ayant parlé ce matin de M. Bertalozzi à l'Empereur, Sa Majesté a paru d'abord ignorer l'arrestation de ce prélat et ensuite le croire un homme dangereux. Malgré ces dispositions défavorables, je n'ai pas hésité de rendre à M. Bertalozzi des témoignages conformes à la bonne opinion que j'avais de lui et à tout ce que le Ministre des Cultes du royaume d'Italie m'avait dit en sa faveur.... »

Le surlendemain, 26 juillet, nouvelle lettre d'Aldini :

« J'ai parlé ce matin à M. le duc de Rovigo, en faveur de Mgr Bertalozzi. Le ministre m'a répondu que ce prélat a été arrêté parce qu'il n'était pas muni de papiers en règle et parce que la police, ignorant qu'il avait été appelé à Paris par ordre du gouvernement, l'avait déclaré suspect. C'est pour cela qu'il a été arrêté. Mais, d'après les renseignements que j'ai donnés au Ministre sur le compte de Mgr Bertalozzi, Son Excellence m'a assuré qu'il le fera mettre en liberté sur-le-champ... »

On comprend l'émotion du prélat, ancien aumônier de Pie VII et très aimé de ce malheureux pontife qui l'avait fait archevêque d'Edesse, quand, appelé à Paris pour y recevoir les instructions de l'Empereur qui voulait l'envoyer à Savone pour exercer son influence sur l'esprit du Pape en faveur des décrets du Concile, il se vit jeter en prison. Quelques-uns ont pensé que ce fut par ordre même de Napoléon, qui voulait intimider cet instrument de ses despotiques volontés et le rendre plus docile. Quoi qu'il en soit, Mgr Bertalozzi partit aussitôt pour Savone, d'où il écrit au cardinal Fesch, à la date du 4 septembre :

« Je suis arrivé à Savone sain et sauf, et Votre Altesse Eminentissime aura reçu mes hommages par l'intermédiaire de M. le cardinal Dugnani, qui lui écrivit de Turin.

« Je me fais un devoir de répéter à Votre

Altesse Eminentissime les expressions de ma vénération, et l'assurance que j'ai fait et que je ferai de mon mieux dans l'intérêt de la paix et de la tranquillité, touchant les affaires qu'elle sait.

« J'avais grande envie de servir Votre Altesse Eminentissime dans les honorables missions qu'elle m'a données (1), mais j'ai trouvé, dans la lettre de Son Excellence M. le Ministre des Cultes, ce paragraphe que je transcris : « Sa Majesté désire qu'arrivé à Savone, « vous n'écriviez à qui que ce soit, et que « vous ne soyiez l'intermédiaire d'aucune « affaire auprès du Pape... » Je me suis abstenu, pour ne pas manquer à l'obéissance.

« J'attends de Votre Altesse Eminentissime quelque éclaircissement pour me tranquilliser, et je ferai avec empressement tout ce qu'elle daignera me confier. »

Les lettres suivantes, sans être plus explicites, semblent plus rassurées. C'est que l'archevêque d'Edesse (2) sentait que la manière

1. Le cardinal semble avoir craint qu'on ne l'accusât d'avoir donné des commissions suspectes à Mgr Bertalozzi, car il fait écrire en travers de la lettre de ce prélat : « M. le cardinal n'avait donné commission que de demander des bénédictions. »

2. L'archevêque d'Édesse ne fut pas le seul à implorer

dont il exerçait son influence sur l'esprit du Pape le rendait *persona grata* à Paris.

Le cardinal de Bayane, qui est arrivé le premier à Savone en même temps que l'archevêque d'Edesse, voudrait bien, lui aussi, des instructions précises. Il écrit à Mgr Fesch, le 1ᵉʳ septembre 1811 :

« Votre Altesse Eminentissime a permis que je lui donnasse de mes nouvelles à mon arrivée à Savone.

« J'ai devancé celui qui était parti avant moi, et suis arrivé le premier. J'ai déjà vu le Pape plusieurs fois. Il se porte à merveille. C'est tout ce que je vous en dis, puisque,

---

l'intervention du cardinal Fesch pour son élargissement. On a déjà vu les démarches tentées auprès de l'oncle de l'Empereur pour faire sortir de prison les trois évêques de Gand, de Troyes et de Tournai, lesquels n'eurent leur liberté que beaucoup plus tard, et après avoir signé une démission, extorquée, de leur siège épiscopal. Mais à l'époque où nous sommes, nous retrouvons dans les papiers du cardinal une touchante lettre d'André Morelli, ancien valet de chambre de Pie VI, arrêté à Savone en janvier 1811, et transféré dans la prison de la Force, où il est au secret depuis six mois. Le pauvre malheureux déclare ignorer la cause de sa détention, il supplie le cardinal d'intercéder pour le faire mettre en liberté. Mgr Fesch le fait, et le comte Bigot de Préameneu, dans sa dépêche du 27 septembre 1811, lui vient en aide, pour que cette violence cesse dans le plus bref délai possible.

comme le Ministre, vous ne voulez pas que je parle d'autre chose. Je désirerais pourtant bien qu'il me fût permis de demander les avis de Votre Altesse Eminentissime, car un mot de vous que je pourrais montrer, aurait ici un tout autre poids que ce que moi chétif je puis dire... »

Les instructions que réclamait le cardinal de Bayane, ce n'est pas le cardinal Fesch qui pouvait les donner. Nous allons voir comment fut préparée et expédiée l'ambassade qui les porterait à Savone.

III

Au moment de partir, l'un des évêques députés pour porter au Pape le message du Concile, celui de Feltre, fut frappé de mort subite. L'impression dut être très vive en France et surtout en Italie, si nous en jugeons par les réponses des évêques italiens à la circulaire du cardinal Fesch qui leur annonçait cette nouvelle. L'un d'eux même, l'évêque d'Agnani, en profite pour faire entendre de sévères paroles et revendiquer hautement les droits du siège apostolique. Nous voudrions pouvoir reproduire cette lettre courageusement épiscopale. Elle est très belle et console au milieu de l'aplatissement général.

Les huit évêques députés achevèrent leurs dispositions, et, munis des instructions de l'Empereur, ils partirent vers la fin du mois d'août, porteurs d'une lettre des évêques du Concile National, lettre rédigée avec un soin infini, refaite à plusieurs reprises (1), corrigée, recorrigée, écrite en un très beau latin, et qui dut, on le comprend en la lisant, exercer une grande influence sur l'esprit d'un Pape captif, éloigné de ses conseillers naturels, entouré, pressé par des évêques et des cardinaux qui avaient accepté cette douloureuse mission. d'amener Pie VII à l'acte de faiblesse sur lequel, toute sa vie, l'infortuné captif pleura amèrement, bien qu'il l'eût rétracté avec une si vaillante énergie, dès qu'il fut soustrait aux pressions exercées par les députés.

---

1. Nous avons retrouvé plusieurs versions de cette lettre. Mais il faut avouer que, au point de vue littéraire surtout, la rédaction définitive est remarquable. Nous la reproduisons en appendice.

Ceux-ci, quand ils furent arrivés à leur fin, entonnent un chant de triomphe. C'est la dernière pièce que nous empruntons à leur dossier spécial, dans les archives du cardinal Fesch :

« Savone, le 20 septembre 1811,

« Monseigneur, **nous avons** l'honneur de prévenir Votre Altesse Eminentissime que nous venons d'obtenir de Sa Sainteté l'approbation sans aucune réserve, et la confirmation du décret que le Concile nous avait chargé de lui présenter. Cette approbation est en forme de bref adressé aux cardinaux, archevêques **et** évêques assemblés à Paris. Nous n'y voyons rien qui paraisse devoir souffrir des difficultés, à quelque examen qu'il soit soumis; et si quelques expressions demandaient à être expliquées à Sa Majesté, personne ne pourrait le faire avec plus de succès que Votre Altesse.

« Le bref partira par le même courrier que cette lettre, il sera annoncé d'avance par le télégraphe. Votre Altesse en aura probablement connaissance aussitôt qu'il aura été reçu par l'Empereur, à qui nous avons dû le faire parvenir par la voie du Ministre, et sans doute elle profitera de l'occasion pour solliciter auprès de Sa Majesté un adoucissement à la situation du Pape. Si Sa Majesté est contente de nous, nous recevrons, en l'apprenant, le témoignage le plus touchant qu'Elle puisse nous donner de sa satisfaction.

« Le paquet du Ministre contient une lettre cachetée de Sa Sainteté pour Votre Altesse Eminentissime.

« Nous sommes, etc,

> « † PAUL, archev., évêque de Pavie.
> « † DOMINIQUE, archev. de Malines.
> « † LOUIS-MATHIAS, archev. de Tours.
> « † ETIENNE, évêque de Faenza, nommé
> « patriarche de Venise.
> « † ETIENNE, évêque de Plaisance.
> « † JEAN-BAPTISTE, évêque d'Evreux.
> « † CHARLES, évêque de Trèves.
> « † JEAN-BAPTISTE, évêque de Nantes. »

Hélas! non, les malheureux négociateurs n'étaient pas au bout de leurs peines. Loin de recevoir les félicitations auxquelles ils s'attendent, l'Empereur leur donne ordre d'obtenir bien autre chose, et leurs négociations, entamées dans les premiers jours de septembre 1811, durèrent jusqu'à la fin de février 1812.

Mais ceci n'est plus l'objet de notre étude.

Le Concile National avait pris fin, en fait, le jour de la signature du bref pontifical dont Napoléon refusa de se contenter. Le Pape, d'ailleurs, allait être transféré de Savone à Fontainebleau ; les évêques, laissés sans instructions, rentraient dans leurs diocèses, et Napoléon partait pour cette campagne de Russie, où, plus d'une fois, le spectre du Pontife, son prisonnier, dont il avait bravé les excommunications et méprisé les larmes, dut lui apparaître comme la vengeance de la justice de Dieu, à qui rien n'est cher au monde à l'égal de la liberté de son Eglise.

APPENDICE (1)

Beatissime Pater,

Quæ temporum adjuncta atque momenta Gallorum Imperatorem induxerint ad cogendum nationale Concilium, ea Sanctitatem Vestram non latent.

Vehementer scilicet permotus Imperator iis malis quæ in Religionem et Societatem ex vacantibus multis sedibus redundant, quâ ratione iis mederi posset, inquisivit.

Quem ob finem, Lutetiam in consilium adscitis aliquot Episcopis, benignè annuit, ut ex illis quatuor Sanctitatem Vestram adirent, totius Cleri, omniumque Imperii fidelium statum, necessitates, votaque relaturi.

Très Saint-Père,

Votre Sainteté n'ignore point les circonstances qui ont amené l'Empereur des Français à réunir un Concile national.

Vivement touché des maux que la vacance de plusieurs sièges cause à la Religion et à la Société, l'Empereur a recherché le moyen d'y remédier.

Dans ce but, il a daigné permettre à quelques Évêques réunis en Conseil à Paris de déléguer quatre d'entre eux auprès de Votre Sainteté, pour lui exposer l'état, les besoins et les vœux de tout le clergé et de tous les fidèles de l'Empire.

17.

1. Voir page 293.

La convocation du Concile national est un nouveau gage du zèle avec lequel l'Empereur protège la Religion Catholique et veille à l'observation des règles canoniques.

Il eut été à coup sûr criminel de ne pas seconder les desseins d'un Prince qui a doté les glorieux commencements de son Règne du rétablissement en France de la Religion Catholique (insigne gloire du trône), Très Saint Père, et qui doit craindre par-dessus tout de voir cette religion totalement abolie, si on ne donne pas des Pasteurs aux Églises qui en sont privées.

Il n'eût pas suffi, dans les circonstances actuelles, de pourvoir à la nécessité présente : il fallait travailler énergiquement à ce que la succession des Évêques, établie à jamais, ne soit plus interrompue désormais par aucun événement, et que nos Églises ne vaquent plus indéfiniment à l'avenir, car de ce fait (qu'on nous en croie, nous qui en sommes les témoins), la discipline

Concilii nationalis convocatio novum pignus est illius studii, quo Imperator Catholicam Religionem fovet, ac regularum canonicarum observantiam tuetur.

Nefas certè fuisset, Beatissime Pater, non obsecundare consiliis illius Viri Principis, qui, a restitutâ in Galliis Catholicâ Religione (insigne solio decus) auspicatissima Regni sui initia cepit, cuique maximè verendum, ne illa prorsùs eliminatur, si orbatis Ecclesiis Pastores non præficiantur.

Neque in hujusmodi adjunctis satis fuisset præsenti necessitati subventum ire : omni insuper ope nitendum, ne deinceps Episcoporum series æternùm stabilita ullo unquam eventu interrumpatur, neve Ecclesiæ nostræ ad tempus indefinitum jamdiù vacent; indè enim (fides nobis addatur, qui testes sumus), ecclesiastica disciplina non leve capit detrimentum.

At dùm hanc metam attingere nobis in animo erat præ oculis semper habuimus quid Petri Cathedræ, quid Unitatis Cenro, quid communi fidelium Patri, quid Episcoporum capiti debeamus, hæreditario siquidem jure eamdem doctrinam, eosdem sensus adepti, quibus sedes nostræ semper gloriatæ sunt, omnes maximo in pretio habemus vincula illa, qua nos Apostolicæ Sedi devinciunt, confidimusque fore ut Sanctitas Vestra novam hujus obsequii nostri significationem advertat in Decreto quod tulimus; nempe informatum est ad mentem à Sanctitate Vestrâ patefactam Episcopis, antè hos tres menses, ad Eam missis, prout legere est in chirographo illo sub ejus oculos exarato, cujus exemplar præ manibus retinere dignata est.

Placuit Imperatori novem Episcopos Sanctitatem Vestram iterato adire Ipsam precaturos, ut Concili Decre-

ecclésiastique tire un grand dommage.

Or, tandis que **nous** avions dessein d'atteindre ce but, nous n'avons cessé d'avoir devant les yeux ce que **nous** devons à la Chaire de Pierre, au Centre de l'Unité, **au** Père commun des fidèles, au chef des Évêques. Professant de tradition la doctrine et les sentiments **dont** nos sièges se sont toujours glorifiés, tous nous tenons en haute estime les liens qui nous attachent au Siège Apostolique, et nous avons la confiance que Votre Sainteté reconnaîtra le témoignage de notre soumission dans le Décret que nous avons porté, car, il est conçu dans l'esprit que Votre Sainteté a manifesté aux Évêques envoyés auprès d'Elle, il y a trois mois, comme on le lit dans la minute rédigée sous ses yeux et dont Elle a daigné conserver par devers Elle un exemplaire.

Il a plu à l'Empereur que neuf Évêques vinssent de nouveau trouver Votre Sainteté, pour La supplier de vouloir bien approuver le Décret du Concile. Et, en Lui demandant, nous aussi, avec le respect qui Lui est dû, la même faveur, nous pensons que Votre Béatitude agréera la recommandation que nous Lui faisons de ces Prélats vénérables et de vertus insignes, qui Lui sont de nouveau envoyés. Ils méritent un bienveillant accueil et la confiance avec laquelle Votre Sainteté daignera leur ouvrir ses pensées intimes.

Que Votre Béatitude sache qu'Elle entend tout le Concile lui-même, lorsque ces Prélats lui révéleront les grands maux qui menacent nos Églises et dès lors la nécessité de les écouter au plus tôt. Très Saint-Père, daignez prèter une oreille favorable à nos très humbles prières, et ne permettez pas que nous perdions cette espérance, pour nos Églises, portion aussi illustre que précieuse du troupeau du Christ, qui éclaire, nous osons dire, toute la catholicité. Les vertus éminentes qui distinguent Votre Sain-

tum approbare velit; eamdemque gratiam, dùm nos ipsi, eâ quâ par est reverentiâ flagitamus, haud ægrè Beatitudinem Vestram laturam arbitramus commendationem, quâ venerabiles virtutibusque insignes hosce Præsules, qui rursùs mittentur penès Ipsam prosequimur; digni planè quos benignè habeat, quibusque intimos animi sensus fidentissimè patefacere Sanctitas Vestra non vereatur.

Concilium ipsum totum Beatitudo Vestra audire putet, cùm Præsules illi nota facient maxima, quæ Ecclesiis nostris imminent mala, quantaque indè necessitas surgat illa propellendi. Humillimis nostris precibus facilem aurem accommodare velis, Beatissime Pater, nec illam sinas jacere spem, quæ nostris Ecclesiis, tam conspicuæ, tam pretiosæ Christi gregis parti, quæ, dicere liceat, toti affulget catholicitati. Egregiæ illæ virtutes, quæ in Sanctitate Vestrâ fulgent, summa quâ eminet doctrina, tenera illa paternaque sollicitudo, quam non semel expertæ sunt Ecclesiæ nostræ, hodiè adeo mœrentes, fidentissimè sperare nos jubent futurum ut authentico modo Decretum illud confirmare non renuat; si quidem nihil aliud præ se fert, quam quod Ipsamet approbaverat. Hæc una impræsentiarum nobis patet salutis via; hâc unicâ ratione firma stabit atque ad successores Sanctitatis Vestræ intacta decurret illa prærogativa Sanctæ Sedi non minùs proficua, quam Ecclesiis nostris pretiosa.

Ad hæc tam gravia momenta aliud accedit quod animos nostros vehementer percellit. Speramus videlicet fore ut, jam tùm remotis obstaculis, facilis ad Sanctitatem Vestram nobis aditus pateat, pacemque ipsius potissimum felici operâ partam Illi gratulari liceat. Proinde sicut « socii passionum fuimus, sic erimus et consolationum. »

teté, sa doctrine élevée, la tendre et paternelle sollicitude que nos Eglises ont souvent expérimentée, nous font espérer aujourd'hui, dans l'affliction profonde où nous sommes plongés, que Vous ne vous refuserez pas à confirmer authentiquement ce Décret, étant donné surtout qu'il ne renferme rien que Vous n'ayez vousmême approuvé. C'est l'unique voie de salut qui nous reste dans les circonstances présentes. C'est l'unique moyen d'assurer et de transmettre intacte aux successeurs de Votre Sainteté une prérogative, non moins profitable au Saint-Siège, que précieuse à nos églises.

A ces graves motifs s'en joint un autre qui touche vivement nos esprits. Nous espérons que, les obstacles une fois écartés, nous aurons un facile accès auprès de Votre Sainteté et que nous pourrons la féliciter de la conclusion d'une paix due principalement à son heureux concours. Et dès lors, « de même que nous avons participé aux souffrances, nous participerons aux consolations. »

Prosternés aux pieds de Votre Sainteté, nous la supplions de nous accorder, à nous et aux fidèles confiés à nos soins, la Bénédiction Apostolique, et de daigner agréer le très profond hommage de notre respect, **avec lequel nous nous disons, Très-Saint-Père, de Votre Sainteté, les très humbles, très obéissants et très dévots serviteurs et fils.**

Les Cardinaux, Archevêques et Évêques réunis en Concile national à Paris.

Place ✝ du sceau.

Le 20 août 1811.

Ad pedes Sanctitatis Vestræ provoluti Ipsam adprecamur ut nobis, fidelibusque nostræ curæ commissis, Benedictionem Apostolicam impertiri, gratumque habere dignetur maximum illud obsequium, quo reverentiam nostram testamur,

Beatissime Pater,

Sanctitatis Vestræ, humillimi, obsequentissimi, devotissimi servi et filii,

Cardinales, Archiepiscopi et Episcopi in Concilio nationali Parisiis congregati.

Loco ✝ sigilli.

XIII Kal-Sept. M.D.CCC.XI.

TABLE DES MATIÈRES

TABLE DES MATIÈRES

———

IMP. NOIZETTE, 8, RUE CAMPAGNE-PREMIÈRE, PARIS

www.ingramcontent.com/pod-product-compliance
Ingram Content Group UK Ltd.
Pitfield, Milton Keynes, MK11 3LW, UK
UKHW022325090726
13658UKWH00001B/81